第二版

幼兒園美感教育

◎林玫君　著

目錄

作者簡介

 林玫君教授

學歷

美國亞歷桑那州立大學課程與教學博士

美國亞歷桑那州立大學戲劇教育碩士

現任

國立臺南大學藝術學院院長

國立臺南大學戲劇創作與應用學系專任教授

教育部幼兒園美感及藝術教育扎根計畫主持人

Research in Drama Education（RIDE）編輯顧問（SSCI）

經歷

國立臺南大學幼兒教育學系教授兼系主任

國立臺南大學戲劇創作與應用學系創系主任

教育部幼托整合國家課綱美感領域主持人

香港幼兒戲劇教育計畫海外研究顧問

藝術教育研究（TSSCI）主編

International Journal of Education and the Arts（IJEA）主編

英國 Warwick 大學訪問學者

美國華府 George Mason 大學訪問學者

論文及譯著作

幼兒美感暨戲劇教育及師資培育等相關論文數十篇

兒童戲劇教育：童謠及故事的創意表現（著作，白象文化代理，2018）

兒童戲劇教育：肢體與聲音口語的創意表現（著作，復文，2016）

兒童戲劇教育之理論與實務（著作，心理，2017）

創造性戲劇理論與實務：教室中的行動研究（著作，心理，2005）

創作性兒童戲劇入門：教室中的表演藝術課程（編譯，心理，1995）

創作性兒童戲劇進階：教室中的表演藝術課程（合譯，心理，2010）

酷凌行動：應用戲劇手法處理校園霸凌和衝突（合譯，心理，2007）

兒童情緒管理系列（譯作，心理，2003）

兒童問題解決系列（譯作，心理，2003）

兒童自己做決定系列（譯作，心理，2003）

在幼稚園的感受：進森的一天（譯作，心理，2002）

二版序

從美感教育品嚐幸福的好滋味

自 2007 年國前署啟動**幼托整合後的教保活動課綱**研修計畫，有機會參與「美感教育」與課綱撰寫的研究，引領我進入了一個充滿挑戰又令人興奮的新領域。然而，在初期推動新課綱時，有許多教學現場老師對於「美感定義抽象」、「美感距離遙遠」、「美感等同於藝術」、「美感課程實踐」都充滿了懷疑，單是美感有太多需要說明的部分，不是一兩場的演講就能完成，這也萌生了我想要寫一本書，以深入淺出的筆調，把幼兒園中的美感教育做更清楚的闡述。

終於，在好友及幼兒園夥伴的期待與支持下，《幼兒園美感教育》第一版在 2015 年完成。在書中的**第一、二章**，我以圖說方式，解釋美感的基本概念，並從教保人員的角度出發，說明如何從自己的興趣來連結美感的經驗。因為，唯有當教保人員能細細品味「美感教育」的滋味，她們才有實踐美感教育的動力。另外，我也深信美感課程的實踐，不一定要在正式的課程中，而是必須連結幼兒園的生活與環境，因此，在書中的**第三章**，我就特別針對幼兒園生活及環境的美感引導原則與實例做更多的闡述。雖然美感的「日常性」和「情境性」很重要，但教保人員也需要對三個主要的**藝術媒介**有深度的理解與體會，**第四章**就是針對個別藝術教育的元素及其中的創作與欣賞的教學原則（視覺藝術、聽覺音樂、戲劇扮演）做說明。最後，在書中的**第五、六章**，更把美感課綱的學習指標與課程案例納入，希望提供師培及現場教師進一步實踐美感教育的依據。

　　融合了 2007 年到 2012 年的美感研究與幼兒園實踐的總結,本想這本書應該就是我的封筆之作。但很巧妙的是,教育部接續從 2012 年,在「**美感從幼起,美力終身學**」的政策下,**師培及藝術教育司**開始積極推動美感教育中長程計畫,我又再度參與「美感教育向下扎根計畫」的主持工作,在 2012 年至 2017 年五年間,在臺灣各地建立一百多所的美感特色及基地幼兒園。一轉眼,第二期五年也將進入尾聲,我們特別在全國成立了半自主性的**教保人員美感共學社群**,從「餐桌美學」、「空間美學」、「攝影美學」、「戲劇肢體」、「視覺藝術」、「聽覺音樂」、「鬆散素材」、「植物園藝」等多元的興趣選項,培養教師自身的美感素養。透過教授及藝術家或設計師的引導與實作體驗,教師們不但更能體會美感的樂趣,也能連結在地生活素材,把所學轉化到自己的教室及園所中。

　　在研究和推動近十五年的計畫中,對於幼兒園美感教育的實踐有更多深刻的體悟,而隨著計畫的推動,我手邊蒐集了更多漂亮的圖片與演說資料,也想把原 2012 年的版本作一次修改。剛好心理出版社林敬堯總編於此時提出再印的需求,我便大膽懇求進行大幅度圖片修改的第二版修訂計畫。我要非常謝謝林總編的大力支持,在短短的暑期疫情中,委請編輯高碧嶸小姐親自出馬,排除萬難,順利完成了這個新的版本。讓人欣慰的是,我們終於趕在開學幾週內印出了第二個版本。一次編書的修改就像是一個脫胎換骨的重生歷程,在這裡我要好好感謝一直跟在身邊的李宜樺小姐,耐心地跟著我找照片、換照片、修改、校稿——在這些反覆的時序中渡過了這個暑假。有趣的是,也因為這次疫情的緣故,讓我可以把旅遊的時間空出來,好好沉澱心情,專心寫作。

最後，我要特別感謝讓這本書煥然一新的照片提供者，嘉大附幼林彣娉主任、王君瑜老師及各班老師們；文元附幼的李貞儀校長、心玫老師和佳珍老師；還有我早期美感計畫的核心團隊——嘉藥附幼。在高雄，我的輔導園——潛能幼兒園李惠瑛園長、瓊分主任和榮華附幼的團隊。同時，我也要謝謝新竹小太陽幼兒園湯園長、經國幼兒園惠禎園長、嘉義大同附幼的育瑩老師、澎湖明圓幼兒園等，我們因為美感計畫而相遇，一起品嚐美感教育的好滋味；也因為你們的支持，讓這本書有了更「美好的」容顏，呈現於讀者面前。

林玫君

國立臺南大學藝術學院院長

美感教育扎根計畫主持人

二零二一年九月十二日

作者序

在面對全球日漸富裕且急遽競爭的時代，如何能夠創造出符合大眾的需要，又具備美感與個人特色的產品，是未來取勝的關鍵。美國「蘋果」創辦人賈伯斯，就是由於其個人的獨特創意與人性化設計，使「蘋果」成為全球風靡的產品。這是未來人才培育的方向，也是未來職場的關鍵能力。要具備這樣能力的人，就是需要具備「右腦特質」的人，而美感教育就是在培養這方面的特質──高品味、高感性與高體會。《天下雜誌》（2002，頁120）就提出「人才培育，藝術不缺席」，認為「美」是新世紀最重要的競爭力。

為因應此趨勢，我國教育部**國民及學前教育署**早從 2007 年準備幼托整合後的教保活動課程大綱時，就已經將「美感領域」納入，成為幼兒園課程的六大領域之一，且自 2012 年正式頒布並開始實施。自此，幼兒園的「美感教育」有了國定的依據，並有具體的課程目標與學習指標。自 2014 年起，教育部**師資培育及藝術教育司**也訂定了「美感教育中長程」計畫，除了在各級學校大力推廣美感教育，更以「美感教育從幼起」做為國家亮點政策，希望能及早奠定國民美力終身之基礎，故在學前階段積極推動「美感特色幼兒園」及「師資美感培訓計畫」。

雖然美感教育已經開始陸續推動，但是許多幼兒園及教保服務人員似乎仍覺得「美感領域」很難理解。一方面覺得「美感」很抽象，二方面覺得「美感教育」遙不可及，認為自己必須具備美學知識、特殊才藝或受過專業訓練，才能進行美感教育。也因此，課綱從開始發展到目前階段已有八年多，還是有許多人對幼兒園的「美感課程」抱持觀望的態度。

自從完成美感課綱後，筆者忙著到處進行美感課綱培訓，但每次在短短的三個小時內，只能簡要說明相關理念、課綱內涵與實例，對諸多的疑問仍未能有機會好好澄清。一直想為現場教保人員出版美感專書，提供詳盡的說明和實例照片，而這樣的期待，一直到 2012 年底，在整理美感研究發表後，才開始利用餘暇動手撰寫，寫寫停停間轉眼又過了三年，終於——在今年年初，正當自家巷口黃花風鈴木花開如煙的三月，完成此書。

　　本書出版的目的，就是將常見的美感問題嘗試做進一步釐清。針對美感內涵、教師角色、環境與生活、幼兒發展、藝術內涵、課程及教學引導等內容，以實例配合照片的方式呈現，希望可以讓大家重新——「認識美感」、「發現美感」並「體驗美感」。

　　第一章，就是先從「美感的定義與概念」出發，針對美感的重要性、定義、與幼兒遊戲的關係，及課綱中的美感內涵做一個概括性的介紹。

　　第二章從「教保人員」的角度，打破對美感的迷思，建立正確的美感教育信念，喚起教保人員自身的美感意識，發掘個人的專長興趣，整合現有的資源，重新體認自己在學前美感教育中所應扮演的角色，瞭解只有天天和幼兒一起生活的人，才是進行美感教育的最佳人選。

　　第三章以「美感的環境與生活」為主，強化美感教育來自於生活經驗的累積，鼓勵教保人員善用幼兒園的生活環境與一日作息，引導幼兒去覺察發現美的訊息，由師生共同營造美感的環境和生活。最後提供「家長與在地社區藝文資源」運用的策略，建立具有在地美感特色的幼兒園。

第四章從「幼兒美感能力發展和藝術內涵」的觀點，讓教保人員在面對不同年齡幼兒的藝術表現或個別藝術的內涵概念有基本的認識。本章先對視覺藝術、聽覺音樂及戲劇扮演發展理論做介紹；再針對各藝術的內涵要素做說明；最後，對各種藝術媒介的教學與欣賞的引導，提供原則性的建議。

第五章針對美感領域之「課程內涵與學習指標」之內涵，以範例、表格和照片佐以簡單的文字，討論個別課程目標下的學習指標內容，希望教保人員能對不同年齡層之美感活動設計與引導，有更具體的瞭解。

第六章企圖從「主題」出發，以幼兒感興趣的主題如「生活小地方」、「遊樂場」、「海邊」及「教室變公園」，示範如何結合美感的主要藝術媒介（視覺、音樂、肢體律動、戲劇扮演等）進行活動設計。這些教保活動來自早期編寫課綱進行教育部研究所撰寫的稿源，當時由本人協同團隊在甘季碧老師的班級中發展出來，經本人數度修改，最後由我的研究生林彣娉老師協助相關的增修和指標對應的工作，希望能提供現場人員更具體的活動範例。

花費將近三年的時間，現在終於要出書了，本書的完成首先要感謝教育部國教署和師培藝教司，由於這些長官同仁們對臺灣教育的期許與前瞻性的視野，為幼托整合後的教保活動課程大綱及美感師訓計畫，進行長期的規劃並奠定了良好的基礎。也感謝臺北市立大學幸曼玲教授的邀請，在因緣際會下，參與了課綱的研究計畫團隊，結識了幼教各領域的專家，成為長期奮戰的好夥伴。也要感謝曾參與美感領域研究的團隊夥伴、實驗學校的幼兒園教師以及計畫助理們——彣娉、純華。同時，更要特別感謝慷慨提供本書許多想法及照片的好夥伴——高雄鼎金國小附幼林純華老師、高雄翁園國小附幼胡淨雯老師、臺南文元國小附幼羅心玫老師、高雄前金

幼兒園陳秀萍老師、嘉大附小附幼林彣娉和王君瑜老師、嘉藥大學附幼黃慧齡園長及其教師團隊、臺南復興國小附幼甘季碧老師，以及一直在身邊盡心協助的助理——美如和君如。當然，最感謝的還是全力支持我的家人們和在天上的父親，讓我能徜徉於喜愛的工作領域，發揮所長並貢獻一己心力。

希望本書的完成，能對美感和幼兒美感教育有所啟發。讓大家明瞭，原來人人都能擁有感受美的潛能，美感教育是一項自覺的行動，只要喚起自己塵封已久的美感覺知力，不再視而不見、聽而不聞、受而不覺，我們就能夠真正地打開耳朵、張開雙眼，以一顆好奇的心情去發掘周遭美的世界。更能時時用心體會「美感」，在日常生活食、衣、住、行中，細細地品味、慢慢地累積「做與受」的美感經驗，讓它成為感動我們心靈、提高生命層次、增進生活幸福的源源活水。

林玫君

國立臺南大學藝術學院院長
戲劇創作與應用學系教授

美感的基本概念

美感領域是幼兒園教保活動課程大綱六大領域之一，然而許多人對於「美感」這個名詞感到相當地「陌生」，以為美感可能是「美學」的一支，還是「哲學」的一門；甚至有人認為「美感」應該是中學以上的藝術學科，和幼兒教育的關係並不大。到底美感和幼兒及幼兒園的課程有什麼樣的關係呢？本章將針對美感的重要性、定義、與幼兒遊戲的關係，及課綱中的美感內涵做概括性介紹。

第一節　美感重要性與定義

壹、美感的重要性

幼兒時期是美感發展的重要基礎，Steine 指出從出生到七歲，幼兒的感官知覺正處於特別敏銳的時刻，且充滿著想像力與活力，而這也正是美感經驗的吸收和發展的關鍵時期（引自 Lim, 2004）。透過各種感官知覺，幼兒主動與周遭的自然人文環境互動，體驗箇中的微妙感受，並累積自己的美感經驗。同時，幼兒也常會運用「視覺圖像」、「哼唱節奏」、「音樂韻律」、「肢

體動作」及「戲劇扮演」等各種媒介，表現個人獨特的想像、情感或想法，並在過程中享受遊戲、創作與回應的樂趣。這個方式就如同一位藝術家，嘗試使用不同的藝術媒介來表現自己對美的體會與感受。美國「國家藝術教育組織」（National Art Education Association, NAEA）在其文獻中就指出，幼兒之所以需要「藝術」，是因為「藝術」不僅是幼兒認識工作價值的重要媒介，也是幼兒的「語言」。它反映幼兒主動探索世界以及形成概念的心路歷程，透過藝術的形式，幼兒獲得思索、分析與判斷其所接觸的事物（NAEA, 2006）。

換一個角度分析，前述的美感經驗與藝術媒介，也能提供幼兒個別發展與多元學習的管道。Gardner（1993）從「多元智能」的觀點來分析幼兒的學習，認為透過「藝術」比透過「語言、數學或邏輯」的方式，效果更好。Kostelnik、Soderman 與 Whiren（2004）也指出，美感經驗與幼兒的肢體動作、邏輯數理、圖像表徵、社會發展等有關。而 J. Piaget 也認為在感覺動作期及預備運思期的幼兒，其學習的方式也是透過視、聽、味、嗅、觸等五官知覺去感知周遭的經驗，而**音樂聽覺、舞蹈和戲劇動覺或美勞視覺**等媒介，正能提供幼兒多種「非口語形式」的學習管道。在美感經驗的實作中，幼兒不僅對各類的學習與知識層面有所接觸，他們也必須進一步思索「為什麼」與「如何做」的過程，這對幼兒「後設認知」的能力也有幫助。透過各種「實作」的美感體驗，幼兒不但獲得了多元學習的機會，也連結了心中的「感受」，讓學習成為一件有意義和有趣的事。

在各種美感或藝術媒介的互動體驗中，幼兒能發揮想像，運用自己的身心手腦，投入社會自然與人文藝術等各種有趣的活動中，這些美感經驗也間接促進幼兒各方面的發展，如手眼協調、創造力、情緒的抒發等（Alvino, 2000）。幼兒在各種美感的活動中，與同儕一起共同遊戲，在歌唱、創作、肢體或扮演中，學習溝通表達，有助於建立幼兒積極的自我圖像。在彼此分享與合作的歷程中，幼兒可以學習接納與欣賞不同的觀點與表現（Kostelnik et al., 2004），這對社會能力的提升也有影響。

美感的經驗也能連結幼兒與其在地生活環境的情感。Kemple 與 Johnson（2002）就提到，環境中美好的事物可刺激幼兒的情感性回應，而這些早期的連結經驗是萌發社會意識與關懷的基礎。此外，在參與社區的各種藝術活動中，幼兒接觸社區中不同成員或藝術創作者的分享，有助於幼兒體驗自身文化美感的機會（Kostelnik et al., 2004）。

綜合而論，**美感領域的教育目標**就是在陶養幼兒對生活周遭環境事物敏銳的美感能力，喚起其豐富的想像與創作潛能，以形成個人的美感偏好與素養。這種能主動感知外在事物的美及豐富愉悅的美感經歷，一方面提供了幼兒多元學習與發展的管道，同時也鼓勵幼兒的社會發展，並和生活環境產生正面的情感連結，進而培養其對自然的關懷及文化的認同。

貳、美感的定義及運作歷程

談起美感教育，需要先從美感的定義瞭解。「美感」的字源來自希臘原文 aisthetikos，原意是指「透過感官去覺察感受的能力」。而依據 Jalongo 與 Stamp（1997）的解釋，美感是個體經由各種感官知覺來接收外界的各種訊息或刺激，與思維或想像產生連結，繼而引發內在心靈的觸動，所湧現的一種幸福、歡欣、愉悅的感覺。換言之，美感是一種經驗的累積與獲取的歷程，透過個人視、聽、味、嗅、觸等感官媒介，覺察周遭生活環境中各種美的訊息，並連結經驗想法及想像，進而觸動內在情意的感動。這種由個體內心深處所「主動建構」的一種「感知」外在美好事物存在的能力，是每個人與生俱有的潛能，只要留意平日生活中美感經驗的累積，它就會成為一種生活習慣與體會事物的方式。前述美感經驗的運作歷程如第 5 頁圖 1-1-1 所示。

從上述的定義分析，可以瞭解美感教育就是要讓兒童從生活中不斷累積**五官感受與心靈觸動**的經驗。同時，在體驗美的當下，個體也可能想要把它「表現」出來，透過語文來「敘說」或「記錄」自己美感的經驗；也可透過圖像、拍照、影音、舞蹈或扮演來表現自己內在的感動。

Dewey（1980）對美感有類似的看法，在其著述《藝術即經驗》（*Art as experience*）中，曾指出「美感」需要從生活經驗中萃取而來，而其歷程應該具備「完整（圓滿）經驗」（consummatory experience）的特質，意旨「當經驗的主體沉浸於一個事件之中，他們真誠而專注地參與其中，使自己的理性與感性相融合，成就了一種具統一性質的經驗，並於經歷過後，具有滿足、淋漓盡致的感受」（Lim, 2004, 引自林玫君，2012，頁 3）。

一個「完整的經驗」可包含四個要素：「情感的融入、統一性、做與受持續地互動、愉悅、完滿自足的感受」（陳伯璋、張盈堃，2007；陳錦惠，2005；Dewey, 1980）。**情感的融入**是指情感全程地投入，使得整個經驗得以持續，且朝向自我完成的境地。**統一性**是指每個經驗的組成都是連續不可分割的，具有內在的同質性，得以自由的流動，交融於整體之中。**做與受持續地互動**是指美感經驗包含一種產出式「做」的經驗和另一種接收式「受」的經驗，二者之間保持連續且互動的關係。最後，**愉悅、完滿自足的感受**是指從參與中，獲得愉悅鮮明的印象和淋漓盡致的感受（林玫君，2012）。

從 Dewey 的觀點來看，美感教育應該是一種「完整的美感經驗」，且在此經驗中不斷地連結「正面」的情意，讓參與者得到心靈的感動與愉悅的感受，這樣的歷程正是符合前述美感的定義。國內學者范瓊方（2003）也認為「感動」是美感教育的基礎，若是幼兒平日對生活周遭的經歷能獲得多一分的感動，就會產生多一分「美感的態度和心靈」。由此可知，要讓幼兒得到美感經驗，就必須給予幼兒更多機會去「體會」及「感受」，且進一步讓他們把自己在美感經驗中的感受「表達」或「表現」出來。

綜合而言，筆者認為所謂的美感經驗，除了**接收性**的感受經驗外，還要包含**產出性**的表現經驗，因此，下頁圖 1-1-1 中所顯示的美感經驗運作歷程，需要加上「做與受」的互動歷程如下頁圖 1-1-2。

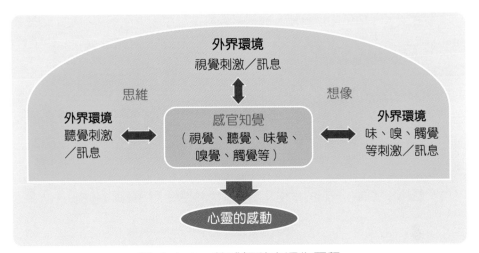

圖 1-1-1　美感經驗之運作歷程

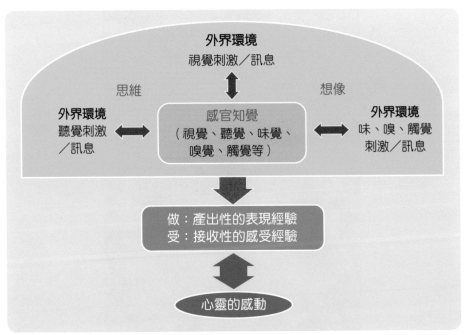

圖 1-1-2　美感的完整經驗

事實上，在幼兒的世界裡，他們常會將這種環境或生活中「美」的覺察與觸動，透過自己或與他人的想像遊戲，來表現這些美感的經驗。如圖 1-1-3 中的幼兒正忘情地餵寶寶喝奶，進行扮家家酒遊戲。這可能是來自平日生活的印象，常常「看到」媽媽餵奶、「聽到」媽媽的聲音、「摸到」奶瓶，從中感受到那種滿足而幸福的感覺。當她到了學校，一看到扮演區的娃娃時，馬上連結了自己平日的經驗，從而發揮想像把自己當成媽媽，讓娃娃坐在椅子上，拿奶瓶或其它玩具假裝餵娃娃喝奶。透過扮演遊戲的行動，幼兒可能又再次體驗和媽媽在一起的幸福及溫馨愉悅的感受（下頁圖 1-1-4）。

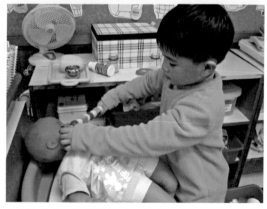

▲圖 1-1-3　幼兒餵 baby 喝奶

參、幼兒時期美感經驗的形式

　　Dewey 對於美感的解釋，認為美感體驗必須包含「受」與「做」的完整經驗，而美國學者 Kostelnik 等人（2004）也提出幼兒時期美感經驗，可分為「回應式」（responsive）和「生產式」（productive）兩種形式。其中回應式是屬於「受」的「回應與賞析」經驗；而生產式相當於「做」的「表現與創作」經驗，兩者之間互相交融、連續循環，成為一種「完整統一的經驗」。

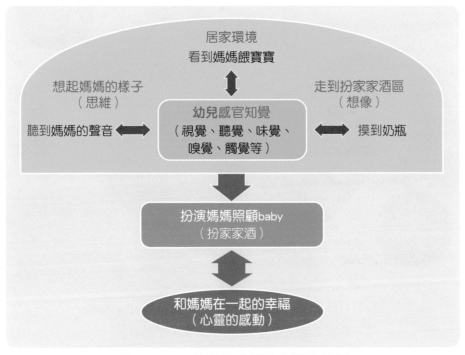

圖 1-1-4　幼兒美感經驗之運作情形

生產式的美感經驗和幼兒表達自我的「創造性」經驗有關,如幼兒會主動運用自己身體聲音及各類自然或人造的工具與素材,進行即興哼唱、韻律舞動、美勞創作及戲劇扮演等遊戲。**回應式**的美感經驗包含「探索、欣賞、評估」等三類的經驗,透過這些歷程,幼兒持續探索並學習欣賞周遭生活中的自然美與人造美。請參考圖 1-1-5 的說明。

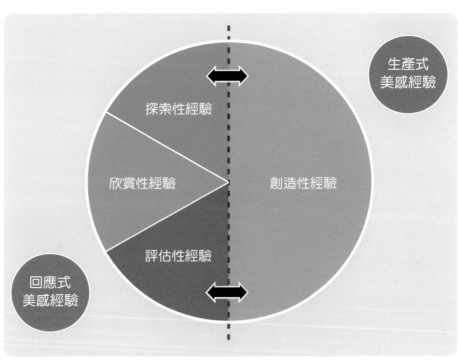

圖 1-1-5　美感經驗與核心能力之「原始」對照

資料來源:引自 Kostelnik 等人(2004)

在幼兒園中，**回應式**和**生產式**的美感經驗本來就存在，只是教保服務人員（以下簡稱教保人員）是否能夠「有意識地」將這些活動安排於「正式或非正式」的課程中，表 1-1-1 羅列不同美感經驗的目標與範例（Kostelnik et al., 2004），以供教保人員參考。

表 1-1-1 回應式和生產式美感經驗、目標與活動範例

美感經驗的活動	目標和範例
回應式美感經驗	
探索性經驗 鼓勵透過視、聽、味、嗅、觸等感官知覺，來探索環境中的事物	**目標：發展對自然物的欣賞** 1. 觀察美麗的魚 2. 調查有趣的搖滾樂 3. 看天空中雲的變化 4. 發現蜘蛛網的美麗 5. 聞花、草香，和其它的香味
欣賞性經驗 提供幼兒擔任藝術觀察者和欣賞者的機會，去聆聽不同形式的音樂、觀看不同形式的視覺藝術、或欣賞各種舞蹈和戲劇表演	**目標：發展對藝術的欣賞** 1. 觀看繪畫或照片中的細微處 2. 觸摸雕刻品 3. 觀看舞蹈表演 4. 聽合唱團演唱 5. 觀看戲劇表演
評估性經驗 鼓勵討論和評價各種類的視覺藝術、音樂、舞蹈和戲劇形式，幼兒累積自我對藝術的評價決定，表達他們對此評斷的偏愛（如使用令人感到愉快的顏色）	**目標：形成美感判斷與偏好** 1. 比較不同籃子的美 2. 把最好的拼貼畫納入自己的收藏 3. 選擇一首自己喜愛的歌 4. 說明喜歡某個舞蹈的理由
生產式美感經驗	
創造性經驗 提供各種創造性的藝術材料、道具、樂器和工具，讓幼兒主動參與這些活動，來刺激其創造力和自我表達的機會。如畫自畫像，將情感融入設計中，配合音樂去實驗各種動作	**目標：發展創造性的表達** 1. 玩樂器 2. 跳舞 3. 手指畫 4. 唱歌 5. 創作一朵花 6. 在戲劇中扮演一個角色

資料來源：修改自 Kostelnik 等人（2004, p. 243）

　　誠如上述，幼兒園的美感課程可以包含「回應式」的感受經驗與「生產性」的創作經驗，但是這些美感能力的累積，來自於平日幼兒在自發性的遊戲中，由於對周遭美的事物懷著好奇之心，進而產生想去「探索與覺察」的行動。換言之，美感能力的基礎，取決於幼兒是否能對周遭事物保持一顆探索與好奇之心，能在生活中不斷地發現美並享受美感的驚豔與喜樂。

　　因此，筆者在編寫幼兒園教保活動新課綱時，這類**探索性的美感經驗**就成為美感領域欲發掘的三大基本能力之起始點，在「表現與創作」和「回應與賞析」之前，先要喚起幼兒「探索與覺察」的美感潛能。圖 1-1-6 就是幼兒園教保活動課程大綱中，美感領域的三大能力和其相對應的美感經驗。

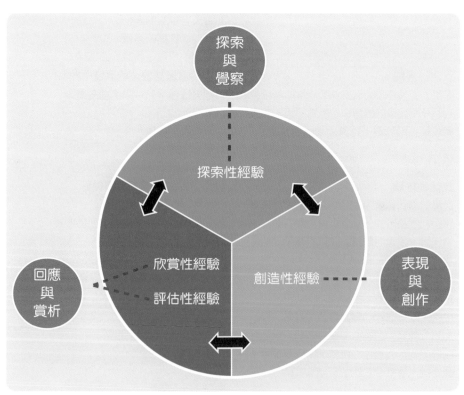

圖 1-1-6　美感經驗與核心能力之「調整後」對照

資料來源：修改自 Kostelnik 等人（2004）

肆、美感領域的三大能力

　　從前述美感定義和各家理論中，可以瞭解幼兒階段欲培養的美感能力，包括下列三個面向：「探索與覺察」、「表現與創作」、「回應與賞析」，以下將分別敘述之[註]。

一、探索與覺察

　　在日常生活中，幼兒常有機會探索花、草、蟲和魚等自然環境中的動植物，或日落黃昏、雨後彩虹等各種自然現象；同時，也會在人文環境中接觸各類日常器具、裝置擺設或建築雕塑等美的事物。**探索與覺察**就是希望能鼓勵幼兒運用敏銳的知覺與天生的好奇心，探索生活周遭事物的美並覺察其間的變化。

二、表現與創作

　　幼兒平日就喜歡將隨手拿到的素材進行創作，如地上的樹葉或學習區的水彩、剪刀膠水或回收材料等視覺素材；有時也會發揮想像，直接運用歌唱、身體動作或扮演行動與口語對話，來表現自己獨特的感受和想法。**表現與創作**就是希望幼兒能延續這方面的潛能，願意嘗試各種形式的表現媒介，進行個人獨特的創作。

三、回應與賞析

　　幼兒在平日生活與遊戲中，會接觸自己或他人的創作與表現，他們通常會以直覺的方式給予回應。**年紀較小**的幼兒可能會以肢體動作或聲音表情回應，如專注地觀看、拍手、微笑及身體前後搖擺等。**年齡較大**的幼兒，若加

＊註：該敘述源自筆者擔任美感領域召集人時之研究報告，目前為幼兒園教保活動課程大綱美感領域內容之一部分。

以引導，則能表達自己所體會到的感受與看法，只是成人不常有時間或習慣進行這方面的引導。**回應與賞析**就是希望成人能留意這個面向的美感能力，引導幼兒對生活環境中多元的藝術創作或表現，提出自己的感受，以逐漸發展幼兒的美感品味與偏好。

美感的三大能力雖然分開敘述，但是其間常常是重疊交錯，彼此之間有許多相互牽連的關係。基本上，主要是以「探索與覺察」做為基礎，逐漸導向「表現與創作」或「回應與賞析」的層面。換言之，在進行創作或賞析之前，幼兒必須要有充分的機會對外在環境進行探索。同時，幼兒在進行「表現與創作」或「回應與賞析」藝術創作時，他們對美的覺察力和敏銳度也逐漸加深加廣。另外，「表現與創作」與「回應與賞析」常常同時並存，因為幼兒一面創作的同時，一面也會與同儕分享對談。而平日教保人員對各種作品或展演所進行的賞析引導，不但能發展幼兒對美的偏好和藝術的學習，也能提供幼兒做為下次創作的靈感與動力。

綜合上述，「探索與覺察」、「表現與創作」與「回應與賞析」三者間的關係如圖 1-1-7。

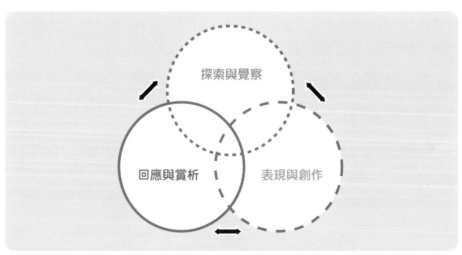

圖 1-1-7　幼兒美感能力發展面向關係

第二節　美感玩家和幼兒遊戲的關係

壹、美感玩家

　　幼兒天生就是美感玩家，無論在生活或遊戲中，他們總是充滿著好奇、熱愛表現，且擁有其獨特的美感喜好。其實，美感不需特別教導，幼兒本身就擁有美感的探索、創造與欣賞的潛能。

一、美的探索者

　　幼兒每日都在生活中「探索」環境與「覺察」其中的聲音、節奏、色彩、影像、生命及人際互動等有趣的事物，並從中感到好奇與歡喜。透過敏銳的五官知覺及活躍的肢體動作，幼兒不斷地和這些潛藏在生活中的美感經驗相遇，感受自然界萬事萬物的奇妙與喜樂，且樂於和教保人員及朋友互相分享這些新的發現與感動。

二、美的創造者

　　在主動探索身邊的事物中，幼兒逐漸累積自身的美感經驗，並且嘗試操弄各種不同的藝術媒介，透過視覺圖像、音韻節奏、肢體動作、角色扮演等不同的方式，表現具備獨特風格的創作，精進媒材與技法的運用能力，可以更自如、有效並清晰的透過各種藝術形式，表達其特有的想法與感情。

三、美的欣賞者

　　憑藉與生俱來對美感的直覺，幼兒觀賞完自己、朋友或其他藝術創作展現後，通常會有特殊的反應與感受，並且天馬行空地說出自己所看到及聽到

的事物，樂於分享個人獨特的喜好與感受。雖然欠缺美學與藝術知識的專業素養，但這種對美的事物所流露的感動與欣賞，是幼兒審美稟賦的自然表現，也是奠定日後審美能力發展的重要基礎。

 ## 貳、美感玩家與遊戲

幼兒是美的「探索者」、「創造者」，又是美的「欣賞者」，且不難發現這些和美感有關的行動與表現，常常出現於他們的遊戲之中，可以說「遊戲」是強化幼兒美感能力的最佳媒介。教保人員若想要知道如何在幼兒園中發展美感教育並學習如何引導幼兒進行美感活動，首先就需要從**幼兒遊戲的本質**進行瞭解。林玫君（2005）曾綜合一些遊戲學者的觀點（Rubin, Fein, & Vandenberg, 1983; Smith & Vollstedt, 1985），將其本質歸納如下：

1. 內在動機：不是被成人強迫指定，而是即席自發，自我產生的。包括身體、認知和社會的自發性。
2. 正面情意：需要熱烈的參與，帶有正面的喜樂感情，不是嚴肅的。
3. 不求實際：在一個遊戲的框架中，幼兒內在的現實超越了外在的現實，兒童常運用假裝（as if）或想像的方式進行創作，內容也不一定受限於現實的情境或物件。
4. 重視過程：幼兒沉浸於過程中玩索嘗試的樂趣，不過度強調創作結果。
5. 彈性：不受外在規則的限制，由參與者自行協調訂定，在探索的過程中，形式也隨著幼兒的需要而改變，且因著不同的情境與材料而能產生不同組合與變化。

由以上分析，可以得知遊戲的特色在於兒童對於遊戲過程的主導權，在一個「想像」的遊戲情境中，幼兒們運用自己的想法與做法，彈性地變化遊玩的方式，而在此過程中，其身心得以解放、情感得以抒發。雖然遊戲包含上述的特質但是在實際運用時，這些個別的特質是交互重疊的關係，Krasnor與 Pepler（1980）嘗試以圖形的方式表達這些複雜的關係（下頁圖 1-2-1）。

　　雖然學者們列出了上述的遊戲元素，若要仔細分辨幼兒遊戲和成人工作的差異，只要抓住三個重點即可：**內在動機、內在現實**及**內在控制**。Neumann（1971）就提出用「一條持續的界線」（continun）來描述這三個條件在「工作」和「遊戲」之間的關係，愈趨向於「左邊」，也就愈接近幼兒**遊戲**；愈趨近於「右邊」，就比較像成人主導的**工作**，教保人員在規劃美感活動時，就必須提醒自己要以貼近幼兒遊戲的方式來引導幼兒的美感經驗（圖 1-2-2）。

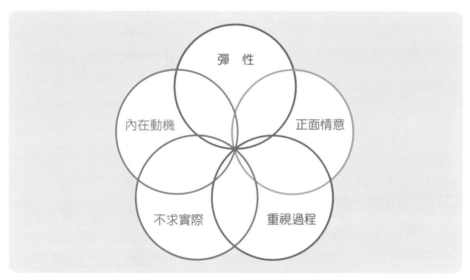

圖 1-2-1　遊戲本質之關係

圖 1-2-2　遊戲與工作之關係

參、美感經驗的關鍵在於對遊戲本質的掌握

　　幼兒進行美感活動的成功關鍵，就是要以**遊戲**的本質出發，從「內在動機」、「內在現實」、與「內在控制」等三個概念來進行引導。以下將引用林玫君（2005）的觀點，從心理分析、心理社會學、認知學習、後設溝通等觀點及 Vivian Gussin Paley 老師的實例，來說明這些概念的重要性。

一、內在動機

　　所謂**內在動機**就是去做心裡真正想做的事。什麼樣的事是兒童心裡真正想做的呢？什麼是引起遊戲發生的內在動機呢？

　　從 Freud **心理分析**學派的觀點來看，引發遊戲的內在動機可能來自於「想要長大」和「承擔主動角色」的內心焦慮和衝突。而「遊戲」正好提供了幼兒減輕心理焦慮的途徑，並從中調節生氣、害怕或擔心等負面的情緒。Paley女士在《茉莉三歲》（*Mollie is three: Growing up in school*）的書中，就描述幼兒常扮演媽媽、老師及力大無比的水怪、超人等比自己還有能力的人物，透過「假裝」的神奇魔杖，幼兒把對「長大的渴望」及現實中的「無助」與「心中害怕的事物」重複演出。在緊急的狀態下，他們可以把自己變成「雕像」，及時逃離惡魔的侵襲；在遊戲這種安全網的保護下，可以安撫自己對周遭生活的不安與好奇的心理。

　　從**心理社會**的觀點（Erikson, 1950）來看，幼兒遊戲行為可分為三個階段——自我宇宙、小宇宙和大宇宙。第三個「大宇宙階段」，是幼兒進入學校和友伴一起遊戲玩耍，發展自我概念與社會能力的時期。Paley女士也在書中提到，一位幼兒為了加入友伴的遊戲，原本扮演喧鬧專橫的強盜，最後卻願意接受安排，認命地擔任「爸爸」的角色，盡忠職守地為嬰兒扣釦子。在遊戲中，透過對彼此故事的模仿，幼兒嘗試探索友誼的真諦，且不斷地尋求友伴的接受與認同，其「社會技巧」與「自我概念」就在這種自導自玩的遊戲

過程中逐漸增進。成人若能善用這些心理需要和遊戲方式，幼兒很容易就能從中得到豐富的美感經驗。

從**認知學習**的觀點，遊戲也是促使幼兒主動參與學習的來源。Piaget認為遊戲是環境刺激的同化，幼兒在生活中遇到不一致和矛盾的事物時，透過遊戲的方式來解決其「認知上的矛盾」，而這就是引起幼兒主動探索覺察的來源（Gottfried, 1985）。在Paley女士的書中，也有許多關於幼兒如何透過具體的扮演而嘗試去瞭解如「數字」、「顏色」、「節日」等抽象概念，或如「等待」、「輪流」、「分享」、「自私」等社會認知概念。同理，對於許多遊戲中發現的美感經驗或不同的藝術形式與概念，幼兒會在遊戲中透過想像，以自己的觀點去解釋對外在不同的人、事、物的美感感受與想法。

二、內在現實

遊戲常在一個「假設」的情境架構中進行，對外人而言，它是一種非真實的狀態，但對遊戲的參與者而言，它是內在世界最「真實」的表現。而這**個內在的現實**，就是透過「假裝」的框架來代表任何人、時、地、事、物之「轉換」的宣稱。根據Bateson（1976）的理論，兒童能夠利用所謂**後設溝通**（metacommunication）的方式來維持自己遊戲之「假設的情境」。當幼兒進入戲劇遊戲的「假裝框架」時，通常會提高聲調或向別人使個眼色宣稱：「假裝你當……我當……」、「假裝現在是……」、「假裝這是……地方」、「假裝這是……用具」、「假裝你先做……我再做……」。利用這種方式，讓別人知道「這只是遊戲」，且可藉此劃分「真實的世界」與「遊戲的情境」。

當遊戲中起了衝突或必須重新修訂人物情節的內容時，幼兒又會利用這種「後設溝通」的方式，跳出「假裝」的框架，以局外人的身分進行協議、溝通、發展及重創的工作，藉此以維持遊戲的進行（Gavey, 1977; Schwartzman, 1978）。

三、內在控制

　　內在控制的意義是指在遊戲過程中幼兒能夠自我操控的程度。在遊戲的過程中，幼兒較關心的是用不同的方法來達到自己想達到的目標；換言之，遊戲中應無特定的「目的與結果」。由於不同的個別與團體的差異，幼兒在建構遊戲的過程中，各自設定自己遊戲的玩法且不受外在規則的限制。隨著遊戲的發展，遊戲的方式、玩伴的搭配及進行的程序，都會重新排列組合。因此，這種不斷重組與建構的過程，讓幼兒在遊戲的當下有更多的「選擇」與「彈性」。且這種彈性會使幼兒有如發現新事物般的雀躍感，進而增進幼兒主動參與和發現的樂趣。

　　總之，在提供美感的經驗或活動時，必須考慮這樣的美感經驗是否符合幼兒遊戲的本質，如此美感經驗的累積就會越發豐厚。建議教保人員在進行美感活動時，可以用下列問題來檢視自己的引導是否合乎幼兒的遊戲本質與發展意義：

1. 幼兒是因為自己的主體感受需求，而自發性地參與活動嗎？
2. 幼兒是否享受於其間、擁有歡欣愉悅的心靈感受？
3. 所進行的活動是否具有連結性，能連結幼兒的生活經驗？
4. 幼兒能否發揮想像，超越現實的限制，運用不同的媒介進行創作？
5. 幼兒在其間能否獲得充分「做與受」的完整經驗，亦即「探索與覺察」、「表現與創作」和「回應與賞析」的美感體驗？
6. 在進行美感活動時，師生能否共創遊戲規則、協調並延伸它？

教保人員與
美感教育的關係

　　美感教育要向下扎根，最重要的人物就是幼兒園中的教保人員。不過，一般人對美感教育還存著刻板的印象，認為只有「藝術家」或具有「藝術專業知能」的專家，才能在幼兒園中實施美感教育。本章就是希望先打破這個迷思，建立正確的美感教育觀念，同時也希望喚起教保人員自身的美感知覺，並認識自己在幼兒美感教育中所需要扮演的角色。

第一節　美感教育的迷思

 ### 壹、美感教育的各類迷思

一、美感等於美學，需要高知識的理論或涵養

　　一般人認為美感是名詞，相當於美學，是一套有系統的知識學習。也就是想要瞭解美感的概念，就需要先從藝術中的美學理論，如藝術史或藝術批評等知識的層面理解，如此才有辦法進行美學的鑑賞和評析。若是抱持著這

樣的想法,就會以為幼兒園的美感課程是藝術鑑賞課程,必須具備基本的藝術鑑賞知識,才能進行理性的分析。如此也讓許多教保人員在心中產生疑惑,認為自己需要先修習美學的課程,才能進行美感的教學。

二、美感是藝術才能,需經過長期的專業訓練

多數人把美感和藝術專長連結在一起,誤以為美感專屬於一群具備藝術天賦的人,一般人是無法隨意進入的。造成這種迷思的由來是因為大家把藝術的學習當成一門專業,必須從小培養,且要從特定的才藝切入。例如學音樂就要從彈鋼琴或拉小提琴入門;學美術就必須從素描、水彩開始;學舞蹈就要從芭蕾或民族舞蹈練起,總認為要經過長期的累積和培養,花費無數的財力和努力,未來才能成為一個卓越的藝術家或展演者。既然美感是屬於專業訓練的藝術課程,自然就無法普遍地實施在幼兒園中。

三、美感教育是才藝課程,需要專業的師資才能教授

延續前述的誤解,許多的幼兒園可能認為一般教保人員並未具備任何的「藝術專長」或「才藝教學」能力,因此在面對課綱中的美感領域時,就會把它和才藝課程畫上等號,不僅把它安排在正式課程之外,也會邀請外來的才藝教師上課,認為只有透過這些特殊的才藝(藝術)課程,才能培養幼兒的美感能力。面對這樣的現象,教保人員更是缺乏自信,誤認為這是一門高不可攀的藝術課程,在未經過專業的師資訓練前,是無法進行任何美感活動或課程設計的。

四、美感是用看的,主要從視覺切入,忽略其他的感官媒介

在體會美感的經驗中,許多人共同的感受都是從視覺或聽覺出發,因為這是我們主要接收外在感官訊息的媒介,也因此較不容易覺察「由其它的感官」(如味覺、嗅覺、觸覺或身體動覺)所引發的美感經驗。另外,在形容一些美感的經驗用語上,我們也會很習慣地說:「哇,這件衣服『看』起來好美」、

「這片景色『看』起來好美」、「這幅圖畫『看』起來好美」；卻不會說：「這首歌『聽』起來好美」、「這個食物『嚐』起來好美」、「這朵花『聞』起來好美」。這些形容美感的用詞，就容易讓我們在回顧各種美感的經驗時，不知不覺地連結到「所看到」的感受；卻不經意地忽略了「視覺」範疇之外的「聽覺、味覺、嗅覺、觸覺」等感官知覺的體驗。

五、美感有一定的標準，以成人的眼光看待幼兒的創作

一般人認為「美」有一定的標準，因此對於自己在從事各類藝術活動時，常常缺乏信心，也影響了自我的表現或創作的動機。例如有些人覺得畫不出具象的內容，而認定自己不會畫圖；抓不住一定的音準或拍子而不敢歌唱。同理，一些成人在面對幼兒創作時，也常會帶著某種標準，提供固定的範例成品讓幼兒臨摹，造成每個作品看起來類似，不但阻礙幼兒的創意表現，更會因為對自己的創作喪失信心而減損了參與的興趣。

貳、對美感教育應有的態度

一、美感是一種行動，需要從生活中實踐

美感應該是一個動詞，需要透過具體的行動，大量的累積直覺、想像與感受的經驗。相對於一般人認為美感要從美學知識著手，且要進行理性的分析；美感應該是一種直觀的學習，屬於右腦的練習，需要在日常生活中，啟動各種感官媒介去品味覺察、鼓勵直覺的想像表達、培養個體創作與回應的心智習慣，以引發在美感歷程中所湧現於心靈中的愉悅與感動。在進行美感教育的初期，唯有先從美感的直覺經驗著手，養成「想像與感受」的心智習慣，才能對於各種藝術的元素與特質，產生敏銳的覺知與體會，因而比較容易進入藝術美學的鑑賞與理解的層次，並形成個人的美感偏好與藝術品味。

二、人人都能擁有感受美的潛能

美感是每個人擁有的天賦潛能，只要願意張開雙眼、打開耳朵、開放心靈，在生活中細細品味，從食、衣、住、行中慢慢累積各種感官經驗，如此才不致成為一個視而不見、聽而不聞、察而不覺的人。換言之，美感需要長期的累積，但不一定要透過藝術的專業訓練才能夠獲得，反而從自我的潛能中慢慢地發掘，就如法國雕刻家 Auguste Rodin 所說：「這個世界並不缺乏美，而是缺乏發現美的眼睛。」幼兒也和成人一樣，本身就擁有欣賞美的直覺與潛能，因此幼兒園中美感教育的首要任務，在於引發教保人員自我和幼兒對周遭生活與環境中的覺察與探索，養成細細品味、慢慢體會的美感習慣。

三、美感需要從每日的生活出發，教保人員是最恰當的人選

美感的經驗來自於每日的生活與個人各種感官訊息的互動經驗，這些經驗常常分散在幼兒園生活中的不同時段，很難透過獨立的一堂藝術課程或是短暫的才藝課程體會和實踐。同時它需要一位熟悉幼兒的成人，一方面能夠掌握幼兒日常的生活作息，二方面又能瞭解個別幼兒獨特的美感偏好，如此才能知道要從哪些面向進行美感的引導。因此，只有天天和幼兒一起生活的「教保人員」，才有辦法執行這項任務。

外聘的才藝老師雖然擁有藝術的專長，但受限於和幼兒相處的時間，常常在進行課程後就必須輪流跑班，無法提供更多的時間聆聽幼兒對自己作品或表現的分享與回應，更不用提到對幼兒日常生活經驗的理解與覺察，因此難以落實美感教育的理想。相較之下，基層的教保人員才能符合美感教育的需要，提供幼兒全日性的「生活美感經驗」。當然，如果幼兒園的人力資源充沛，有一位全職的幼兒藝術專家或有具藝術背景或特殊興趣的教保人員，只要對幼兒有充分的瞭解，且能配合各班課程一起協同進行美感教育，都是可行的方式。

四、美感需要從各種感官切入，不能只限於視覺的管道

在日常生活中，可以提醒自己常運用「不同的感官」來覺察周遭的美麗世界，不要只是侷限於慣用的「視覺媒介」。例如到戶外活動，摸摸各種東西的觸感或是從事不同的活動（圖 2-1-1），體驗身體與草地或地面接觸的各種感覺等（圖 2-1-2）。

▲圖 2-1-1　觸覺感官體驗

▲圖 2-1-2　觸覺、動覺感官體驗

去餐廳吃飯時，除了裝潢、擺盤外，可以留意是否有相應的音樂陪襯，或是香味四溢、讓人齒頰留香的餐點或飲品（圖 2-1-3）。 若是把這樣的態度用在面對「幼兒園用餐」上，每日用餐的時候，應該就不會只是例行地把食物放到餐桌上，催促幼兒趕快完成吃飯的工作；而是放慢腳步，花點心思和幼兒共同經營餐廳美感的氣氛，播放優美的音樂、提供不同香味的食物、布置餐桌擺飾等（圖 2-1-4），一步步引導幼兒運用多元的感官，細細品味並體會用餐中的美感經驗。

▲圖 2-1-3　味覺、嗅覺感官體驗

▲圖 2-1-4　視覺、嗅覺及味覺感官體驗

五、每個人對美的感受與體驗各不相同,沒有一定的答案

個體對於美的感受是透過自我的五官與外在訊息的互動,連結個別的經驗與想像,而產生的一種心靈的悸動,它是獨一無二且因人而異。因此,在審視自己的美感經驗時,應該不要存有任何的標準答案,例如不同的樹姿與背景,每個人都會有不同的美的感受(圖2-1-5)。而在看待幼兒的作品時,也應該抱持同樣的態度,只要提供多元的素材工具,尊重幼兒的發展及其獨特的想法,每次的創作都會是一次嶄新的美感體驗(圖2-1-6)。

在瞭解「美感教育的迷思」以及釐清「對美感應有的態度」之後,希望可以打破一般的刻板印象,以一種新的態度和眼光來看待幼兒園中的美感教育,從實際的行動與生活出發,發展各類的感官經驗及個人感受,讓人人都擁有美感的經驗,並發掘自我感受美的潛能。

▲圖 2-1-5 不同的樹姿與背景帶給大家不同的感受

▲圖 2-1-6 幼兒創作表現

第二節　教保人員自我美感意識的覺察

🌹 壹、喚醒自我對美感的覺察

一、注意日常生活的美感經驗，覺察自己的感官偏好

　　要喚起自我的美感意識，需要從自我感官的覺察開始。每天起床時，稍微留個幾分鐘進行吸吐，慢慢地體驗自己的呼吸；伸展四肢，感受身體的運作；摸摸自己的被褥，是涼涼還是熱熱的感覺？張開耳朵，有沒有聽到什麼特別的聲音；睜開雙眼，有沒有留意到什麼特別的事物？想一想日常生活中，自己對食、衣、住、行的偏好與選擇為何？感受一下，在這些選擇中，自己習慣從哪類的感官切入？視覺、聽覺、還是觸覺、味覺？例如早上用餐時，想想看是喜歡西式的餐飲還是中式的口味？（圖 2-2-1）。中午吃飯時，是喜歡跑到巷口吃碗熱呼呼的湯麵，還是喜歡忙裡偷閒，到餐廳享受悠閒時光（下頁圖 2-2-2）。

▲圖 2-2-1　有人喜歡西式早餐，有人則是中式

下班後，有人戴上半罩安全帽、騎著摩托車感受迎面吹來的風；也有人選擇自己開車，打開音響，邊聽音樂邊轉換心情回家。有的人搭乘便捷的大眾運輸工具；或是選擇走路，悠悠哉哉地欣賞回家路途上的風景。平日選擇衣服時，有人會從**視覺**出發，重視服裝的色彩形式，習慣開口就說：「這件衣服『看』起來很漂亮」；也有人重視**觸感**，喜歡說：「這衣服『穿』起來很舒服」，卻不太在意其它的裝飾（圖 2-2-3）。進餐廳吃飯，有人會先留意播放的音樂，或注意餐廳的擺設、餐桌有沒有靠窗；也有人比較重視食物的滋味，只要「好吃」就可以（圖 2-2-4）。當然，也有人要求的是全方位的美感，但要小心——不要落入「追求完美」的陷阱，否則容易因為不符合自己的期待而影響了心情。

▲ 圖 2-2-2　有人喜歡吃湯麵當午餐，有人喜歡享受午茶時光

▲ 圖 2-2-3
有人喜歡亮眼的衣服

▲ 圖 2-2-4
有人喜歡坐在靠窗的位置

二、突破每日的生活慣例，以新鮮的眼光感受周遭美的事物

面對每日慣例的生活，我們總是以固定的模式，機械化地處理各種大小事物；在不知不覺中，成為一個「視而不見、聽而不聞、察而不覺」的人。若是要在幼兒園中進行美感教育，可能教保人員自己就必須先用一種充滿好奇、新鮮的態度，重新看待這些日常例行的公事。例如每日出門上班，是否會偶爾抬頭看看陽光下的婆娑樹影？或是留意街道上出現了新的應景裝飾（圖2-2-5）？還是匆忙地飛奔趕路，未曾發現任何事物的改變？是否可能改變上班的路線或交通工具，換上一件不同色彩或造型的衣服，讓自己恢復生命的活力？對於家中或工作的環境，是否會定期更換擺飾或盆花，隨時為自己增添一份「美麗的」幸福感（圖2-2-6）？

▲ 圖 2-2-5　留意樹影或新的應景裝飾

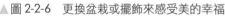

▲ 圖 2-2-6　更換盆栽或擺飾來感受美的幸福

平日觀看事物，是否能更換不同方式，偶爾拉遠拉近、正面反面、裡面外面、抬頭仰望或低頭俯瞰（圖 2-2-7 至圖 2-2-9），看看會有什麼不一樣的視野？唯有努力讓自己突破重複的生活模式或看待事物的角度，才能以新鮮的眼光與心情感受周遭美好的事物。

▲圖 2-2-7　可愛的石獅上下正反，感覺都不一樣

▲圖 2-2-8　用不同角度觀看事物

▲圖 2-2-9　從窗裡看和窗外看，感受很不一樣

三、將注意力集中於觀看的事物，並從中發現細微的變化

對於日常生活中各種看到或聽到的感官訊息，我們少有時間專注欣賞或細細品味。只要能夠改變觀賞的習慣，會有許多意想不到的發現。例如同一種花卻有著不同顏色、大小、形狀或展開形式與姿態的變化（圖 2-2-10）。若加以留意，就會發現同一種顏色，透過不同的視角和光線的映照，會產生不同的深淺變化（圖 2-2-11、圖 2-2-12）。

▲圖 2-2-10　同一種花，但開展的樣式不同　　▲圖 2-2-11　仙人掌都是綠色，但深淺不同

▲圖 2-2-12　不同視角與光線產生不同的海天顏色

出外旅遊散步，可以發現各種建築的形式或牆面，只要專注地觀望，就會覺察許多平日未曾注意的細節，如材質、結構等不同的變化；或是幾何圖形、線條等不同的組合，或夜間燈光投射而產生的美感，實在各異其趣，各有巧思（圖 2-2-13 至圖 2-2-15）。

▲圖 2-2-13　觀察不同窗型、材質的擺置與設計

▲圖 2-2-14　觀察不同牆面的色彩

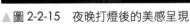
▲圖 2-2-15　夜晚打燈後的美感呈現

四、練習回顧感官的經驗細節，深入挖掘自己的感官經驗

　　自己找個時間到就近的社區走走，並在當中運用各種感官覺察平日熟悉的環境，看看是否能有不同以往的感受和美感經驗，例如脫下鞋走過河畔的石階，感受赤腳接觸石面冰冰冷冷的體驗（圖 2-2-16）；和家人帶把吉他到公園裡彈唱，感受戶外聲音傳送與室內的不同（圖 2-2-17）。回到家後，試著回想此次的經驗，回顧和挖掘自己在當下所聯想到的或是其它的感受，並連結該經驗給你的收穫。其過程可參考如下建議：

1. 找一個安靜的地方，讓自己沉澱下來。
2. 選擇從某一種特別的感官經驗切入，引導自己聚焦在這種「特別的」感官經驗中，並從發生的地點開始回想。
3. 想辦法從心裡去回顧當時的那段特別的經驗，除了從視覺之外，可以把聽覺，甚至味、嗅、觸覺等各種的感官經驗一起做回想。
4. 除了特別的感官經驗外，有沒有聯想到當時的人物或情境？
5. 自己用畫的、錄音的，或是透過文字敘述，將這樣的感官經驗記錄下來，特別將當時的心情或感受，也一併記錄下來。
6. 重新將這樣的感官經驗與感受，和同伴一起分享。

▲ 圖 2-2-16　感受赤腳踏過河流水灘

▲ 圖 2-2-17　體驗在戶外彈吉他、唱歌

貳、培養自己的興趣專長與藝術涵養

一、瞭解自己的興趣，從個人的嗜好著手

即便沒有任何的藝術專長，但許多人在日常生活中都有自己的興趣偏好，例如有的人特別喜歡拍照，手邊剛好有適合孩子操作的數位相機，美感教育就可從攝影切入。有人喜歡美食，對於舌尖上的滋味，或不同的擺盤、餐具造型的美感有所心得，便可利用午餐時間進行美感活動。有人耳朵特別敏銳，做任何事都需要音樂陪伴，若要喚起對音樂覺察力，可在進行不同活動時，留意自己在不同的情境中對於音樂的選擇；也可在教學中引導孩子想想某種音樂適合在何種情況播放，或是聽到哪種音樂會聯想起什麼情境（圖2-2-18）；也可利用空檔練習敲奏喜歡的樂器或參加音樂工作坊。

除了攝影、美食或音樂之外，有的人喜歡看戲或表演，可將自己接觸到的戲劇演出或者喜好的角色人物，運用現成的故事或繪本，引導幼兒發展其中的角色、情節，或者發揮想像、選擇有興趣的部分帶領孩子進行扮演遊戲，在遊戲結束後，師生可以進行討論和分享。也有的人喜歡動手製作手工藝品（圖2-2-19），平日可多加觀察別人的設計和創作，將自己創作的過程和心得，應用於引導孩子的美勞活動中。教保人員若能參考上述的例子，在進行美感活動時，從自己感興趣的事物或經驗出發，就更能夠享受教學的樂趣。

▲圖 2-2-18
聆聽音樂會

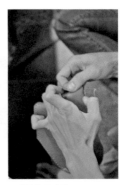

▲圖 2-2-19
學習縫製皮件

二、參加相關的課程，精進自己的興趣專長

　　除了從自己日常的興趣切入之外，教保人員也可以透過社區多元管道，參與和自己的興趣專長相符的課程、工作坊或社團，更深入精進地學習。例如平日就喜歡攝影的人，再去參加工作坊，獲得進一步拍攝練習的機會；平日喜歡服裝搭配的人，再去報名色彩學課程，練習運用不同形狀的色卡來配色。有些人喜歡烹飪，就會主動報名餐點製作與擺盤搭配課程；有些人熱愛表演，則會利用週末參與劇團（圖 2-2-20 至圖 2-2-23）。只要持續參與相關的活動，一方面可以精進自己的興趣專長，另一方面可以將所學回饋到幼兒園美感課程中。

▲ 圖 2-2-20　參加攝影工作坊

▲ 圖 2-2-21　進修色卡配色課程

▲ 圖 2-2-22　學習餐點製作與擺盤

▲ 圖 2-2-23　參加戲劇表演課程

三、找尋同好，一起投入有興趣的事物

　　教保人員可以在幼兒園中尋找和自己有相同興趣、專長的同事，形成興趣社群，利用課餘時間共同研究，也可以相約去參加相關的研習或 DIY 體驗活動，藉此相互交換學習心得。同時，透過學習夥伴的相互激盪，可以討論如何把自己美感的體驗轉化成對幼兒學習的引導，做為引發幼兒探索美感經驗的切入點，讓美感課程更加豐富。例如有人對種植盆栽相當有興趣，便集結同好一起研究「種子盆栽」的種植方法，並討論如何延伸到教學中（圖2-2-24）。大家喜歡喝茶，對茶食有興趣，集結三五好友報名茶席活動，鑽研後將之轉化成幼兒園中的茶點活動（圖 2-2-25）。

▲圖 2-2-24　一同鑽研種子盆栽並布置於幼兒園

▲圖 2-2-25　一同體驗茶席、品嚐茶點

四、參與藝文講座或展覽，充實自我的藝術涵養

　　雖然美感的起步是要以自我的興趣或生活的美感經驗著手，但是若要能進一步體驗美感的深度經驗，還是需要針對一些常見的藝術媒介，如音樂、視覺作品或戲劇展演維持一定的欣賞習慣並充實欣賞的能力，如此才能在幼兒園進行賞析活動時，做進一步的引導。當下網路資訊的便利，而社區藝術活動也相當蓬勃，可以利用時間參與各地舉辦的展覽、演出、講座或各種藝術交流活動（圖 2-2-26 至圖 2-2-28）。建議大家可以針對自己感興趣的，稍微花些時間做深入的探索與參與，一方面能增進生活情趣，二方面也能培養自己的藝術品味與涵養，進而豐富教保活動。

▲圖 2-2-26　參加藝文活動及欣賞偶戲表演

▲圖 2-2-27
欣賞日式茶道藝術

▲圖 2-2-28
參加臺日建築師交流活動

五、參加在地文化活動並蒐集社區的藝文資源

　　社區是幼兒熟悉的生活環境，而「在地」的節慶文化活動（圖 2-2-29 至圖 2-2-31），都是提供教保人員及幼兒在地美感經驗的最佳資源。平日就可以常常留意相關的資訊，參與各類的節慶或文化活動，同時藉機認識社區中具有藝術美感的人士，瞭解他們的背景與特色，建立人脈資料庫做為日後邀請或參訪的對象。另可利用餘暇，特意參訪在地的藝文中心、文化園區、博物館、美術館或捷運站等，看看有哪些新建的公共造景設施或是可以運用的藝文資源及相關藝文素材、照片、刊物等，做為未來規劃美感活動的參考（下頁圖 2-2-32 至圖 2-2-34）。

▲圖 2-2-29
欣賞在地燈節彩繪

▲圖 2-2-30　參訪傳統曬鹽

▲圖 2-2-31　體驗原住民文化活動

幼兒園美感教育

▲圖 2-2-32　平日可多留意藝文公共設施

▲圖 2-2-33　蒐集各種裝置藝術的照片

▲圖 2-2-34　蒐集在地文創品或藝文刊物

第三節　美感教育中的角色

🌹 壹、美感生活的示範者

若要引發幼兒對於生活的熱情，教保人員需要身體力行，表現出對於周遭環境的敏銳覺察並分享在生活中美感的發現，例如指出所見到的雲朵、樹木、石塊等自然物有多美（圖 2-3-1）；所聽到的蟲鳴、鳥叫以及風吹在樹梢的聲音有多特別；和孩子細細品嚐好吃的麵，分享舌尖上的滋味；聞聞剛曬過太陽的衣物，和孩子一起體會有陽光味道和溫度的感覺；隨身攜帶幾枝畫筆和本子，盡情塗鴉或隨時畫下想法與感受——只要你願意保持開放的心靈，隨時留意周遭事物，打開自己和幼兒的視覺、聽覺、味覺、嗅覺與觸覺，便能夠和幼兒一起享受美感生活的喜悅。

另一方面，也可常分享特別喜愛的藝術活動，如畫畫、音樂、舞蹈、攝影、手工藝或果實擺飾等（圖 2-3-2），也可以把所學帶到幼兒園，和幼兒分享你的經驗及從事這些活動的愉悅感受，鼓勵幼兒和你一同從事有興趣的活動，讓藝術與生活結合，隨時體會**做與受**的滿足與喜樂。

▲ 圖 2-3-1　親子同遊欣賞大自然

▲ 圖 2-3-2　教保人員分享喜愛的種子果實

貳、美感環境與情境的準備者

為了提供更豐富的美感經驗，教保人員首先需要針對美感的環境與情境做整理與規劃，如去除凌亂的擺置或不必要的雜物；運用矮櫃分隔學習區並將材料分門別類展示（圖 2-3-3），方便幼兒可以自理收拾。在櫃子上方擺設自然的物品，如植栽、貝殼、插花、果實、落葉、漂流木、美麗的石頭等；也可以展示藝術家的複製品、雕刻品及人造工藝品，營造美感的藝術情境（圖 2-3-4）。還可將多元素材或幼兒的作品呈現在其視線的高度（圖 2-3-5、圖 2-3-6）。

▲ 圖 2-3-3　以矮櫃展示材料

▲ 圖 2-3-4　自然素材

▲ 圖 2-3-5　創作素材符合幼兒視線高度

▲ 圖 2-3-6　作品擺放符合幼兒視線高度

提供各種美感探索的資源包含自然物及人造材料。教保人員可用有趣的方式展示自然物質（岩石、木材及樹葉等），讓幼兒運用五官學習，提供觸摸、嗅聞，並以不同的感官媒介去探索其線條、形狀、型態、顏色及紋理構造等；有時也可以提供多元的回收材料，引發幼兒想出更多的新點子，展現不同的美感創意（Seefeldt, 1995; 引自 Jalongo & Stamp, 1997, p. 143）。例如圖 2-3-7 提供布料、棉線、木棍、瓶蓋等多元質地及形式的材料讓幼兒創作；圖 2-3-8 由師生共同打造以「線」為主題的情境，讓班級的幼兒探索由線條構成的多元形狀，以及使用不同質地的材料所創作的作品，讓幼兒可以更細緻地做進一步欣賞。

▲ 圖 2-3-7　提供不同形狀、質地、色彩、紋理的自然素材讓幼兒探索與創作

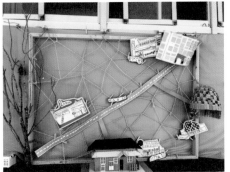

▲ 圖 2-3-8　以線為主題，讓幼兒使用不同質地的材料創作作品

參、美感細節觀察的引導者

　　幼兒的感官覺醒需要由教保人員去啟發滋養，除了一般的感官分享，可以進一步引導幼兒體察周遭環境、人事或聲音的變化細節。可以運用**對比**的藝術元素，引導幼兒從中體會感受上的明顯差異。例如比較紅與綠兩種對比的顏色，討論如何運用對比的手法讓創作更突顯：如平滑與粗糙的樹皮觸覺；粗壯與細長的樹幹紋路；以不同方向及角度所捕捉的畫面效果；運用物件與肢體組合的創意，觀察光影細緻的變化（圖2-3-9）。明亮與暗沉的天空所帶給人的不同聯想和感受。在**戲劇扮演**中，教保人員也可引導幼兒比較不同角色人物的聲音、動作、裝扮，而產生的對比感受，如邪惡的巫婆與勇敢的英雄，「對哪個人物印象比較深刻？」。在引導**聆聽音樂**時，要幼兒比較不同聲音的差異：「哪些旋律聽起來比較快，像是哪種動物在跑步？」或是「哪些旋律比較慢，像是誰在走路？」；「比較大聲，是因為發生什麼事？」或是「比較小聲，是因為什麼人物要出現了？」；「比較高亢，覺得高興？」或是「還是比較低沉，像在做什麼的感覺？」（圖2-3-10）。

▲ 圖2-3-9　運用物件與創意觀察光影變化　　▲ 圖2-3-10　觀察比較不同物品製造的聲音差異

肆、遊戲本質的維護者

　　美感經驗的累積來自於幼兒生活中的探索覺察、表現創作和回應賞析等重複的遊戲經驗中。換言之，若是教保人員要在其中扮演恰當的角色，就必須在互動的過程中，時時留意如何維護幼兒遊戲的本質。在第一章曾經介紹過遊戲的三大本質：**內在動機、內在現實、內在控制**。在美感的體驗中，教保人員要時時以這三大原則做為調整自己引導幼兒的基準。

　　首先從**內在動機**分析：在選擇不同的美感經驗時，注意它們是否符合幼兒內在心理的需求，只要經常觀察幼兒的遊戲，就可以瞭解令他們感興趣的主題或經驗，例如在遊戲場中看到一群幼兒對毛毛蟲感興趣，就可以從這個經驗切入，引導孩子留意毛毛蟲身上的顏色、形式的變化、甚至是移動的樣子，回到活動室中，就可以將這樣的經驗連結到視覺圖像的創作，或戲劇動作的表現，讓幼兒在活動中運用不同的藝術媒介與符號，重現其對毛毛蟲的看法與詮釋。

　　其次，從**內在現實**的本質分析：在藝術創作或美感經驗的引導歷程中，需要尊重孩子對於外在現實的內在詮釋與想像。例如幼兒常常會透過假裝的戲劇扮演，將日常生活的片段轉換成想像的人物或情境，在面對如此擬真的情境中，教保人員也需要積極投入、善用入戲，在戲劇開始、中間或結束時，以第一人稱的口吻和幼兒進行對話或討論的工作。

　　最後，在**內在控制**的部分，必須讓幼兒在活動中保有相當大的自由，不要過於重視最後創作的成果，而是在歷程中讓幼兒有充分的時間去嘗試、替換、創造及發展不同的創作，讓幼兒有更多「自主」與「彈性」的選擇。

🌹 伍、美感創作表現的回應者

　　成人總認為幼兒想要獲得其對工作或作品的口頭回應；其實非口語的訊息就足夠了（如一個微笑或點頭）。教保人員應時常鼓勵幼兒分享他們對工作或作品的想法，聽聽幼兒說些什麼，並針對所說的內容給予回應或做紀錄，而非給予批評，以表示對幼兒表現的肯定與興趣（圖 2-3-11、圖 2-3-12）。

　　有時成人一些不假思索的口頭回應，反而讓幼兒對自己的創作產生錯誤的解讀。例如當成人讚美幼兒「非常好」、「做得好」，對幼兒的影響其實是阻絕他和成人進一步討論的機會，因為幼兒或許因而自認為已做得很完美而不需要繼續努力。或是當成人對幼兒說「非常好，但是草地應該是綠色的」，這種含有糾正性的建議，可能讓幼兒以為必須模仿外在的現實物品或情境，不能天馬行空地展現自己的獨特想法。而當成人向幼兒發問作品「它是什麼？」，幼兒可能會以為別人看不懂，或是覺得自己的作品不好，而對自己的創作失去了信心與興趣。

▲ 圖 2-3-11　常鼓勵幼兒分享其創作

▲ 圖 2-3-12　鼓勵幼兒分享對作品的想法

因此，在回應幼兒時，不要只是簡單地回答：「很好」或「它是什麼？」；反而應該運用聚焦、發問、延伸及連結等多元的引導方式，來刺激幼兒的思考與進一步的表現。例如在分享作品時，可以聚焦於其中一項藝術元素，如線條、顏色或形式等，讓幼兒有比較具體回應的方向；而當幼兒表達想法時，拋出更多的問題、詢問相關的資訊等（Kostelnik et al., 2004, p. 253）。表 2-3-1 列舉數個有效回應幼兒創作的例子以供參考。

表 2-3-1 有效回應的例子及其對幼兒的影響

回應	例子	對幼兒的影響
認可幼兒的努力	• 你工作了很久	• 我努力工作被注意到了
辨認美學元素的使用	• 你使用很多不同的形狀 • 在深灰色旁的明亮黃色區塊看起來更加明亮	• 是的，我這麼使用 • 我沒注意到這情形，那對我來說很好
指出符號的意涵	• 你的樹上有很多水果 • 在你的圖畫中，那些人在雨中站著	• 很好，你知道我的意思
理解幼兒的感覺	• 你以自己的學校為傲 • 你對自己的畫覺得不滿意	• 我對於自己的創作可以有不同的感覺
詢問相關資訊	• 給我看看你喜歡哪些部分 • 跟我說說你畫的圖	• 關於我的藝術創作，我可以說一些只有我才知道的事情
擴大幼兒的自我概念	• 你真得很喜歡動物 • 這是你畫的第三張有關於我們的戶外旅行	• 是的，我喜歡所以我這麼做 • 我完成了很多

資料來源：引自 Kostelnik 等人（2004, p. 254）

陸、美感創作的展示者

　　在發展幼兒回應與欣賞的美感能力上,常常需要將幼兒的作品展示給家長及同儕觀賞。在學習區結束或每天放學前,教保人員可以花些時間讓幼兒們彼此欣賞並討論其創作(圖 2-3-13),以反映其表現的多樣性(蔡瓊賢、林乃馨譯,2003,頁81)。可將作品特別展示或吊掛於特定的區域(圖2-3-14),讓幼兒或家長有機會持續地欣賞,如此也讓幼兒的作品成為美感環境的一部分,更能落實美感教育的意義。至於要如何設置展示區域及連結美感的生活,在下一章會有更多的說明與實例。

▲圖 2-3-13　鼓勵幼兒給予同儕作品回饋

▲圖 2-3-14　在走廊窗臺或牆面展示幼兒作品

柒、美感經驗的評估者

幼兒美感經驗的養成在於其是否能夠在平日生活中時時運用「探索與覺察」、「表現與創作」和「回應與賞析」的行動能力。因此，教保人員若是想要評估幼兒的表現，可以從這三個方面進行：在**探索與覺察**的部分，需要觀察幼兒是否會在生活環境中主動地探索？能細心地運用五官去觀察、聆聽、感受大自然或生活周遭人、事、物的變化嗎？另外，幼兒對於環境中美的事物之好奇心和愉悅的感受也是重點。在**表現與創作**的部分，除了瞭解幼兒在各種媒介的表現與運用技巧外，更需留意幼兒是否沉浸在創作的樂趣中，也就是「情意」的層面，包含對美的感受、情緒的反應、創造力等。最後，在**回應與賞析**的部分，主要是看看幼兒是否接觸並有機會回應各種創作展現，以從中發展自我的偏好與品味，因此幼兒如何回應對各種創作展現的看法與感受是評估的重點。

同理，若是想要瞭解自己是否達到教學的效果，也需要從這三個面向著手：在**探索與覺察**的部分，反思自己是否已經提供足夠的時間與豐富的空間及資源？另外，老師是否提供有趣的活動，能引發幼兒對周遭事物的好奇和興趣？在**表現與創作**的部分，老師是否提供多元的媒材與工具，讓幼兒發揮獨特的創意與想像力？他們是否能從中抒發情緒並表達個人的感受？老師安排的活動是否讓幼兒充分享受創作的樂趣？是否依不同的年齡提供適合的表現媒材與相關的引導？最後，在**回應與賞析**的部分，是否鼓勵幼兒與同儕分享彼此對創作的看法與感受？有沒有設計分享的時間與展示的區域？能否提供幼兒與家長分享自己創作表現的機會？

3

美感的環境與生活

　　美感教育的基礎來自於美感生活經驗的累積,而最能夠提供幼兒豐富美感經驗的來源,除了家庭生活,就是每日在幼兒園所接觸的環境與一日作息。教保人員需要善用這些機會,引導幼兒對周遭環境的美有所覺察發現,並對每日生活產生感覺與改變的動力,由師生共同營造美感的環境和生活。

　　在實際幼兒園的運作中,美感的環境和生活是同時並進的;不過,為了方便讀者瞭解,本章第一節先從「美感環境」的營造開始介紹,第二節則針對「美感生活」的引導做進一步的說明;最後,在第三節提醒如何運用「家長與在地社區藝文資源」,營造更具在地美感特色的幼兒園。

第一節　美感環境的營造

　　美感的養成首先需要提供一個豐富多元,且能夠引發幼兒與之互動的環境。廣義而言,美感的環境包含實際的物理空間,如牆壁、天花板、地面、門窗以及色彩、光線、植栽等;另外,它也包含透過家具、布料、裝飾等彈性配置所營造出的情境氛圍。以下先說明美感環境的營造要點,接著再依幼兒園的空間順序,提供實例說明美感情境布置與氛圍之營造。

 壹、美感環境的營造要點

一、善用環境改造的減法哲學，去除囤積的雜物，對牆面、地面、櫃架及收納用具之色彩、形式與材質進行整體調整

　　一般幼兒園活動室，給人的第一印象就是東西多又雜，因為幼兒一日例行活動與學習，除了戶外時間，幾乎都在同一空間內進行。從進門要放置書包、衣物等儲藏櫃架，到日常用藥、親師溝通等布告通知，還有教師備課、聯絡簿冊、電腦辦公及清潔用品等雜物，這些就佔據了教室的一部分空間。此外，最重要的是需要提供師生進行大組、小組及個人的學習空間，以及用餐、午休和如廁等生活空間。若是教保人員不擅長整理，甚至喜歡囤積雜物，活動室就會顯得擁擠雜亂（圖3-1-1）。因此改善幼兒園環境的第一步，便要先以「斷、捨、離」的精神，從雜物的處理開始。

▲圖 3-1-1　幼兒園擁擠雜亂的環境空間

在減去雜物後，就可以從「牆壁、天花板或地面」，以及色彩與形式繽紛的櫃架、桌椅及收納盒等，這些大範圍的部分著手改善。一般老師總習慣性地在牆面或公布欄使用卡通人物或鮮豔壁紙裝飾，另外，活動室也常出現紅、藍、綠等色彩鮮豔的籃架或各種形式的桌椅，都是在不同時期或不經意地採購完成，只考慮「功能性」，但沒有考慮「色彩、形式與材質」的「協調性」與「質地感」等原則，錯過了原來可以讓幼兒在活動室的環境中，體驗視覺美感的機會。因此，教保人員若有機會進行新的採購或更換時，需要特別留意，對於牆壁、地面或學習區籃架等部分，可以著手進行「減色」及「增質」的處理（圖 3-1-2）。

▲ 3-1-2 改善後的幼兒園環境空間

二、運用協調的色彩與不同的光線，增加美感的氛圍

通常「牆壁、天花板或地面」這種大範圍的視覺感受，是一般人走入幼兒園的第一個印象。然而，許多幼兒園給人的感覺，不是過於花俏就是過於單調。前者往往會使用許多現成的卡通圖案或壁飾，雖然表面上顯得漂亮熱鬧，但也給人一種僵化固定的印象。後者就是多數學校的色彩——單一素白的牆面，若不做適當的布置，會給人單調乏味的感覺。其實，只要稍加巧思，在牆面加入一些柔和、暖性的色彩或裝飾，如布幔、網架、垂飾等，就能改變整個環境的美感氛圍，製造溫暖舒適的感覺（圖 3-1-3）。

▲圖 3-1-3　彩色布幔提升溫暖感

空間中盡可能運用自然的光源，透過門窗玻璃的透視或建築物的轉銜空間，讓幼兒有機會貼近自然環境並體會物件光影的變化（圖 3-1-4、圖3-1-5）；若缺乏自然光源之條件，也可以運用人造光源，如投影的效果來創造幼兒與光影互動的機會（圖 3-1-6）。

▲圖 3-1-4
提供幼兒與自然光源互動的機會

▲圖 3-1-5
幼兒體會物件光影的變化

▲圖 3-1-6　提供幼兒與人造光源互動的機會

三、善用家具、布料、裝飾等配件，豐富空間的色彩和趣味性

　　若地板牆面和門窗已經是固定的配置，可以運用可移動或可進行不同組合的家具或框架等裝置，來增添空間的美感。在選擇家具時，需要考量其形式及色彩與整體環境的協調及搭配性，才不至產生凌亂或突兀的感覺。不過也可考慮增添一、兩個可做不同組合且造型特殊的桌椅，加上簡單的裝飾或具有豐富色彩的家具（圖 3-1-7 至圖 3-1-9），就能打破一成不變的格式，增添空間的趣味性。

▲圖 3-1-7　不同組合的桌椅可增添趣味性

▲圖 3-1-8　以色彩增添空間的趣味性　　　▲圖 3-1-9　善用豐富色彩的家具

除了家具之外，也可以嘗試運用小裝飾、植栽、窗簾或布料等柔性的布置，來改善部分空間所給人的一種過度冷硬的感覺。例如將幼兒創作的各式作品垂掛在天花板；將布幔垂掛在讀書區的角落；把桌布、枯木、果實、乾燥花布置在牆面上（圖 3-1-10、圖 3-1-11）；在餐桌上運用燭光和果實等物件營造用餐氛圍，或運用彩繪、植栽裝飾校園一角，這些都能讓原來單調乏味的空間，增添許多趣味性（圖 3-1-12、圖 3-1-13）。

▲ 圖 3-1-10
以布料增添柔性感

▲ 圖 3-1-11
運用樹枝布置牆面

▲ 圖 3-1-12
以燭光和果實營造用餐氛圍

▲ 圖 3-1-13
以枯木豐富情境的布置

四、調整空間中裝置擺設的高低位置，留意幼兒的美感視野

幼兒置身於所處的環境中，除了一眼望去的橫向視野，由牆壁、門窗、家具及櫃架等所營造出的空間感外，還有立體高低的縱向空間。由於幼兒和成人的高度不同，對空間中各種擺置裝飾會有不同的覺察和感受。因此，在規劃任何空間時，教保人員都可以將身體放低、視線放矮——以幼兒的視覺角度來檢視幼兒園中的各種空間。

從地板、展示區、教室中的櫃架動線及向上看的視覺範圍，可以嘗試去瞭解幼兒每天來幼兒園或活動室中，所看到的世界是長什麼樣子？成人需要以幼兒的高度和角度來看看周遭的環境，並和他們一起討論，才能體會每日映入他們眼簾的景致，而唯有如此，才能針對他們的視野範圍進行改善。

在縱向空間的規劃上，可以運用垂掛或相關的裝飾物，來調整地面和天花板的距離，以增進牆壁到地板的連結，同時也創造了新的觀覽視野（圖3-1-14、圖3-1-15）。可以鼓勵幼兒從下而上或由上而下的角度體驗不同的視覺經驗，以引發幼兒覺察空間中的變化，並進一步激盪新的想法，共同營造一個屬於自己「天造地設」的家園。

▲ 圖 3-1-14　運用裝飾物調整縱向空間距離

▲ 圖 3-1-15　運用布幔裝飾降低空間高度

五、跳脫現實空間的界定，共創想像的空間

　　儘管幼兒園的空間有限，幼兒的想像力卻是無限。若是能靈活運用桌椅、櫃架、天花板吊飾、大塊地墊、積木及一些活動性的裝置（如門框），外加幼兒自己的創作，可以在活動室中創造許多新奇想像的彈性空間。有時也能將不同學習區重新配置，或將室內空間延伸到外面的走廊，巧妙地結合植物盆栽與藝術創作，就能變化出意想不到的空間。

　　學校運用訂製的木框，提供幼兒進行想像扮演遊戲，做為不同空間的區隔（圖 3-1-16）。當幼兒走入門框中就成為室內家居空間，跨出門框外，則為另一個想像空間，如圖 3-1-17，幼兒們假裝在戶外進行烤肉的活動。

▲圖 3-1-16　運用門框區隔不同的想像空間

▲圖 3-1-17　在門框外的另一個想像空間

六、安排適合小組工作的空間，增進幼兒間的社會互動

運用大桌子或小地毯，能讓小組幼兒聚集在固定的空間，以方便進行小組討論或集體創作。如提供全開的壁報紙、大紙箱或膠帶等素材，讓三到四位孩子進行合作畫或拼貼；鋪上大型的地墊或地毯讓幼兒合作搭建積木（圖3-1-18至圖3-1-20）。另外可以提供幼兒運用自製道具與板架，做成簡單的場景，創造小組的表演舞臺（圖 3-1-21）。美感不限於個人的覺察與創作，透過適當的空間或材料的巧妙安排，可以讓幼兒在自然情境中一起遊戲互動，發揮豐富的想像，以展現集體的創意表現。

▲圖3-1-18　提供大型紙板進行合作畫

▲圖3-1-19　提供絕緣膠帶創作小組拼貼

▲圖3-1-20　提供地墊以合作搭建積木

▲圖3-1-21　幼兒合力搭建戶外演出舞臺

七、規劃能夠激盪幼兒和環境互動的空間及裝置

　　一般人認為空間的規劃屬於成人的責任，因此在花費了許多的時間、精力進行相關的設計與布置後，這些擺設就成了固定的空間裝置，幼兒只是被動地處在成人精心布置的空間中，卻對於周遭的環境缺乏實質的參與、探索或創作、改變的動力。因此，教保人員應該創造一些能夠引發幼兒運用自己的感官，去探索周遭環境的機會，並進而產生想要增進環境之美感的動機。

　　在引發幼兒的好奇外，也可以創造一些空間讓幼兒參與改變環境或情境布置的機會。例如圖 3-1-22 中，引導幼兒在活動室將露營帳篷架在綠色的大型地墊上；以黃綠相間的自製裝飾，垂吊一旁當成樹林草叢；中間運用彎曲形狀的桌子，加上童軍繩和木條搭成一座吊橋；橋下配上藍白相間的啦啦隊彩球象徵穿越的河流，透過師生的討論與布置，活動室的一角成為戶外露營的情境。在圖 3-1-23 中，引導幼兒在廁所將藍色布幔垂掛在天花板象徵海浪；白色的燈罩用藍色玻璃紙貼覆，以散發出藍光；用寶特瓶、紙箱紙板創作海底生物，透過師生的討論與布置，廁所即成了海洋世界的情境，隨時可從不同角度欣賞海底生物和布幔折射的光影。

▲ 圖 3-1-22　提供幼兒動手布置的機會

▲ 圖 3-1-23　鼓勵幼兒與環境互動的裝置

八、運用多元的素材及感官媒介，提供不同的美感經驗

除了物理的空間設計外，在裝飾素材的選擇上，可盡量使用多元的素材，如自然中的種子植物、盆栽、樹枝、樹葉及石頭等；或是人造材料玻璃罐、寶特瓶、塑膠瓶蓋、紙箱、繩網、毛線、光碟片等各種回收性的素材（圖3-1-24至圖3-1-26）。例如在學習區擺放氣泡布、黃色皺紋紙、塑膠叉匙、透明蛋糕蓋、奶粉罐、黃色尼龍打包帶、吸管等，有興趣的幼兒即可拿來加以運用，創作出芒果冰沙、義大利麵等戲劇扮演的道具（圖3-1-27）。

▲圖 3-1-24　用多元自然素材進行創作

▲圖 3-1-25　運用人造素材搭建火車站

▲圖 3-1-26　用多元回收素材創作人體

▲圖 3-1-27　運用人造素材創作道具

此外，不要只提供視覺的藝術媒介及工具，應該巧妙加入能夠引發幼兒運用各種感官探索的媒介。**戶外活動**方面，例如圖 3-1-28，幼兒以手摸的方式感受校園裡白千層樹皮一層層的觸感；圖 3-1-29 中，戶外走廊上吊著風鈴，可引導幼兒抬頭注意風吹過的聲音；圖 3-1-30，當幼兒在公園踩踏健康步道後，回園運用軟橡膠、鈕釦、吸管等不同材質的素材，製作多元觸感的紙上健康步道。**室內活動**方面，如圖 3-1-31，可在娃娃家中準備披風、圍巾、帽子、皮包等飾物，吸引幼兒進行戲劇扮演遊戲。

▲ 圖 3-1-28　觸摸樹皮的紋路

▲ 圖 3-1-29　藉由風鈴聽見風的聲音

▲ 圖 3-1-30　運用不同材質製作刺激觸感的健康步道

▲ 圖 3-1-31　穿戴飾物進行扮演

🌹 貳、美感環境的營造實例

前面已經針對美感環境的營造要點做了詳盡的說明，接下來將從幼兒在幼兒園生活中日日接觸的各類場域，依空間順序詳細介紹不同美感環境營造的實例。

一、入園區域

這是幼兒與家長每天上下學來園的必經之地，雖然它並不是正式的學習區域，但卻是引發大家對幼兒園產生第一個美感印象的地方。只要巧妙布置，此處將會是最吸引家長及幼兒駐足觀賞的美麗焦點。

在設計的方向上，可以考量節慶時令或配合課程的主題，進行創意的布置。例如順應季節，帶幼兒到戶外踏青時所拾撿的桃花心木、阿勃勒等植物，可讓幼兒進行創作並布置入園處（圖 3-1-32）；而隨著「聖誕節」的到來，向店家蒐集塑膠盒，捆綁後集結成聖誕樹框架，讓幼兒在乒乓球上寫下祝福語或聖誕願望後，置放於盒形的框架中（圖 3-1-33）。

▲圖 3-1-32 以自然素材拼貼的作品布置入園區

▲圖 3-1-33 入園時欣賞聖誕樹

冬天或過年後，在入園大廳桌上運用花布、過年禮盒、水果籃、鞭炮及木架上的茶具，就可以營造出年節的氣氛；也可以在進入教室更換鞋子旁的邊桌上，擺設應景的裝飾，讓幼兒感受年節的來臨（圖 3-1-34）。每年五月配合母親節的到來，可以運用與母親有關的圖像及裝飾物，邀請幼兒一起為這個特別的節日進行布置，如圖 3-1-35 中，以大型的紙偶、旗幟掛飾，再加上野餐道具、花束與布料等，在入園處及戶外區域營造溫馨的母親節氛圍。

▲圖 3-1-34　依主題布置入園美感情境

▲圖 3-1-35　配合節慶或主題，師生一同布置

二、穿堂、走廊和樓梯區域

通常從大門入口到各班的教室會經過一些穿堂、走廊,甚至樓梯、轉角等公共區域,這些區域雖然不太起眼,但卻是全園師生最常經過的地方,而這些區域的美化與布置,也是「累積美感經驗」的最佳地點(圖 3-1-36、圖 3-1-37)。只要事先準備可以吊掛或放置的設施,就可以隨主題或節慶做變換,將原本單調的空間畫龍點睛,變得色彩豐富,令人目不暇給。

▲ 圖 3-1-36　主題作品布置於穿堂、走廊

▲ 圖 3-1-37　將幼兒作品布置於穿堂、走廊

幼兒園偌大的空間中，有幾個每日必經的走廊和樓梯轉角等區域。教保人員將撿拾的樹枝拼貼裝飾在走廊牆面上，利用小木櫃擺放果實、樹葉、樹皮等鬆散素材，吸引幼兒注意和使用來創作；教保人員也可以將主題繪本、植栽、樹幹、樹皮等材料，布置於樓梯轉角，吸引幼兒駐足觀賞，增加他們對空間美感的感受（圖 3-1-38）。幼兒也能夠加入環境布置的工作，成為空間營造的共同創作者，如圖 3-1-39，教保人員先將一幅畢業生畫作切割成段，貼在樓梯右半邊臺階上，引發幼兒的興趣和觀察力；進而使得幼兒也想要參與改善自己的空間，運用自創作品美化每日必經的樓梯（圖 3-1-40），形成了師生共構的創作空間。

▲圖 3-1-38　自然素材布置於走廊或樓梯轉角

▲圖 3-1-39
以現成作品引發創作動機

▲圖 3-1-40
以自創作品美化空間

三、幼兒作品展示空間

幼兒的作品是最適合拿來布置幼兒園美感環境的藝術創作。一方面可以讓幼兒知道教保人員珍惜他們的作品，二方面也可讓幼兒獲得與家長或與同儕分享作品的機會。而幼兒園一般展示幼兒作品的方式，可能是運用鐵絲、衣夾或網架等工具，將作品布置於教室窗戶或布告欄上。有時也可以運用特別設計的展示方式，如圖 3-1-41 運用立體背板做色彩搭配，或是使用布料、麻繩等經過設計的方式展示幼兒作品；也可以運用自然素材設計展示的方式並留意與作品相應的關係，如圖 3-1-42。透過這些巧思，都能夠增加展示空間的美感及藝術感，提升作品價值。

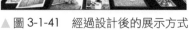

▲ 圖 3-1-41　經過設計後的展示方式

▲ 圖 3-1-42　運用自然素材設計的展示方式

有時教保人員也可以從主題出發，運用簡單的原始素材，如樹枝、布料、盆栽等，引導幼兒共同發想，甚至可以跳脫事物固定的框架，讓幼兒以新的角度進行創作並展現自己的作品。如從森林出發，教保人員運用藍色布料做為發想，與幼兒共創海洋森林的意象空間；幼兒連結森林與熟悉的小紅帽故事，創作小紅帽森林的展示主題（圖 3-1-43、圖 3-1-44）。教保人員也可以跳脫固定的展示方法，引發幼兒從不同的角度來觀看作品展示，如結合中秋主題，將幼兒作品展示於象徵月球的背板上；或是以樓梯為背景，加上木櫃、網架、植物等，結合幼兒的作品，呈現出樸拙趣味的設計（圖 3-1-45、圖 3-1-46）。

▲圖 3-1-43　幼兒創作海洋森林作品

▲圖 3-1-44　幼兒創作小紅帽森林作品

▲圖 3-1-45　月球背板作品展示

▲圖 3-1-46　樓梯前幼兒作品展示

四、戶外空間

　　戶外空間的自然景觀是幼兒接觸自然美感最佳的場所。戶外的大樹、葉子常常會隨著季節的轉移產生顏色和形式的變化（圖 3-1-47）；而花卉繽紛的色彩、不同的構造及組合，甚至是香氣，也能豐富幼兒的美感經驗（圖 3-1-48）。在布置戶外空間時，為融入戶外樹木草地的情境，部分素材可選用樹葉、布料、會旋轉的遊具，配合大自然的風，讓幼兒隨風起舞，感受隨風舞動的樂趣（圖 3-1-49）。

▲圖 3-1-47
保留落葉讓幼兒感受時節變化

▲圖 3-1-48
運用植物繽紛的色彩及造型創作

▲圖 3-1-49　運用布料的輕柔感讓幼兒隨風舞動

戶外空間也可安排其他能夠激發感官探索的設置，如玩沙區、創作區或戲劇扮演區等。玩沙區可以提供多樣的素材與配件，如貝殼、樹枝、石頭、石膏製品等，如圖 3-1-50，幼兒化身考古專家，從沙中挖出恐龍骨頭，進行創意拼貼。創作區則需提供幼兒可以進行美勞創作的工具與材料，在戶外進行創作（圖 3-1-51）。

▲ 圖 3-1-50　沙區中的創意拼貼

▲ 圖 3-1-51　幼兒在創作區進行美勞創作

通常戲劇扮演多半在教室內娃娃家進行，在戶外也可以增設一個戲劇扮演區，運用簡易的木架將鍋碗瓢盆等廚具吊掛展示，幼兒自然就會走入進行烹煮的家庭扮演活動；有時可以增加一些簡單的服裝道具，如圖 3-1-52，當幼兒帶上廚師帽，原來的家庭廚房空間就變成餐廳大廚工作的地方。此外，屋外若有木地板空間，只要加上地墊、布娃娃、枕頭等幼兒生活中熟悉的用品，就能吸引他們很快地進入戲劇扮演的情境（圖 3-1-53、圖 3-1-54）。

▲ 圖 3-1-52　戶外廚具組與大廚的料理臺

▲ 圖 3-1-53　娃娃的吊床　　▲ 圖 3-1-54　扮演媽媽陪娃娃一起睡覺

五、廁所

在幼兒園中，廁所是幼兒常常使用的區域之一。有的廁所甚至可以搭建在半戶外的空間，運用馬賽克牆面與植物的造景，為日常生活的場景增添藝術趣味（圖 3-1-55）。教保人員也可發揮美感眼光，在廁所牆面用種子、樹枝進行布置（圖 3-1-56）。如果有機會讓幼兒發揮創意，參與廁所環境改造美化的工作，更會使原本的空間產生不一樣的感覺。如圖 3-1-57 中，教保人員引導幼兒共同討論，以海底世界的主題為廁所進行空間改造，運用懸掛藍布和自製的海洋生物做裝飾，並使用壓克力顏料為玻璃進行彩繪，讓廁所看起來更美。

▲圖 3-1-55
廁所馬賽克

▲圖 3-1-56
入口處的種子與木飾增添廁所的美感

▲圖 3-1-57　幼兒營造海洋情境及彩繪玻璃，讓廁所更賞心悅目

六、餐廳

　　不論是點心或午餐時間，幼兒每天都會用到餐桌，有些幼兒園甚至有公共餐廳，即成了幼兒累積美感經驗的好地方。在圖 3-1-58 中，教保人員提供布、花材果實、杯碗瓶罐、蠟燭燭臺，甚至是學習區中的玩具等，讓幼兒分組運用，著手布置餐桌，使用餐環境更具美感。圖 3-1-59 中，經由教保人員的引導，幼兒學會簡易的插花技巧，加上彩色的桌布及緞帶，學習營造餐桌美感的氛圍。當然，除了視覺、味覺、觸覺、嗅覺外，在用餐時，也可以播放音樂；或者事前讓幼兒知道當天的餐點內容，由此線索引導幼兒選擇適合的音樂，例如當享用義大利麵時，可以搭配具有西方古典風格的音樂，如韋瓦第的「四季」。

▲ 圖 3-1-58　運用蠟燭或植物等素材布置公共餐廳的餐桌

▲ 圖 3-1-59　幼兒進行插花擺盤

第二節　美感生活的引導

　　美感生活和第一節介紹的美感環境有著密不可分的關係，只是第一節著眼於物理環境的設計，而本節比較是從美感的活動出發，強調如何將其融入幼兒園生活中。以下將先說明美感生活的引導要點，接著再依幼兒園一日作息的順序，以實例說明美感教育如何融入每日生活中。

壹、美感生活的引導要點

一、擴大視覺之外的多元感官探索，累積美感經驗

　　幼兒天生擁有敏銳的感官知覺，從戶外觀察光影與色彩的變化（圖3-2-1）、傾聽滴滴答答的下雨聲、或在撫摸娃娃的過程中，逐漸累積對美的感受、經驗與品味。生活中的感官經驗往往都是從視覺（看）的角度開始，卻容易忽略其他的感官媒介。在幼兒園的生活中，可以多提供聽、味、嗅、觸覺等所引發的美感經驗，讓幼兒藉以擴大視覺以外的感官體驗（圖3-2-2）。

▲圖 3-2-1　戶外光影的視覺經驗

▲圖 3-2-2　學習區聲音探索的經驗

在聽覺的部分，可以引導幼兒聆聽日常生活及周遭環境的聲音，如吹風機的聲音、風聲或汽車喇叭聲，回到教室再讓幼兒發揮想像，運用不同的樂器表現環境的聲音（圖3-2-3、圖3-2-4）。在味覺與嗅覺方面，則可以善用食物、花卉或嗅覺瓶來擴大幼兒在視覺之外的感官體驗（圖3-2-5、圖3-2-6）。

▲ 圖 3-2-3　日常生活中的聲音

▲ 圖 3-2-4　感受風的聲音

▲ 圖 3-2-5　一面插花一面聞花香

▲ 圖 3-2-6　食物的味覺體驗

在觸覺方面，鼓勵幼兒用手在馬賽克上進行拓印，或以樹幹葉子進行創作（圖 3-2-7、圖 3-2-8）。另外，圖 3-2-9，幼兒從觸摸小狗的經驗中，感受平滑、粗糙、軟硬、溫度等不同的差異；也可以讓幼兒脫下鞋襪在草地上席地而坐，摸摸草皮、聞聞草香、踏踏泥土，開啟全方位的感官體驗（圖 3-2-10）。

▲ 圖 3-2-7
在馬賽克上拓印的觸覺體驗

▲ 圖 3-2-8
以樹幹葉子創作的觸覺體驗

▲ 圖 3-2-9
擴大觸覺感官的體驗

▲ 圖 3-2-10
草地刺激觸覺

二、讓美感融入日常生活作息中

美感的經驗不一定要安排在「正式」的課程中才能達成。反而，若能將各種美感的體驗（身體表情、視覺、聽覺及味嗅覺等）融入幼兒日常生活作息中（入園、用餐、戶外、放學、轉銜時間等），如此就能真正落實美感教育的意義，讓幼兒在一次又一次的美感體驗中，享受愉悅的「探索覺察」、「表現創作」和「回應賞析」的經驗，逐漸培養幼兒對美的感受力與生活的趣味性。

當幼兒入園時，園中邊桌上布置著生意盎然的植栽、花卉、木雕作品等，結合穿透的光影，便是一處能點亮人心情的美麗景象（圖 3-2-11）；在午餐或點心時間，教保人員在戶外鋪設地墊，布置野餐區，讓幼兒一面品嘗餐點，同時感受用餐的美感氣氛，也可以鼓勵幼兒運用布材裝飾野餐區的空間，輕鬆品嘗生活中的美感滋味（圖 3-2-12）。

▲圖 3-2-11　發掘生活中的美感

▲圖 3-2-12　品嘗生活中的美感滋味

三、配合季節時令或主題的變化，提供多樣的美感經驗

　　教保人員可以配合不同的季節時令、節慶或主題，適時增替不同的活動、教具或素材，以增加幼兒對時節變化的敏銳度。如圖 3-2-13，利用落葉拼貼創作秋景中的樹木；圖 3-2-14，在萬聖節來臨時，以橘紅色紙張製作南瓜造型的裝飾品；圖 3-2-15，春節時運用紅色、金色、吉祥文字的春聯等營造喜氣氛圍；圖 3-2-16，在教室角落以年節吉慶做為主題布置等。

▲圖 3-2-13
秋天落葉裝飾

▲圖 3-2-14
教室一角營造萬聖節氛圍

▲圖 3-2-15
教室角落主題布置

▲圖 3-2-16
象徵年節的主題布置

當中秋節來臨時，師生一同在戶外以柚子、月餅、茶點以及充滿童趣的月亮圖片，布置為主題野餐區，讓幼兒體會過節的氣氛；更可以擴大舉辦，以自助餐 Buffet 的形式，加上中秋節相關的物品、食物、水果等，營造一場師生共享歡聚的中秋團圓活動（圖 3-2-17、圖 3-2-18）。

▲圖 3-2-17　中秋節的主題野餐布置

▲圖 3-2-18　運用中秋擺飾來營造節令氣氛

四、提供發展合宜的素材與互動體驗

在幼兒園中，從幼幼班到大班，依著年齡與發展的差異，教保人員需要提供合乎個別年齡層段的美感素材與互動體驗。例如幼兒自發性的戲劇扮演，小幼班的孩子在角色的轉換上，通常都和自己切身的生活經驗有關，如餵奶、照顧寶寶睡覺或簡單的煮飯、吃飯等單一的行動。在玩物的使用上，也需要比較具體並貼近真實的物件做為道具（圖 3-2-19 至圖 3-2-22）。

▲圖 3-2-19　幼幼班哄熊熊寶貝睡覺

▲圖 3-2-20　幼幼班餵娃娃喝奶

▲圖 3-2-21　幼幼班想像幫娃娃洗衣

▲圖 3-2-22　幼幼班賣泡沫紅茶飲料

　　對中大班的孩子而言，在戲劇扮演中，其角色的轉換就比較多元，通常會從家庭生活擴大到更多的主題，如圖 3-2-23 和圖 3-2-24 幼兒把本來的家庭廚房改成高級餐廳，由大廚親手進行製作西式的料理，而隨手撿來的木料、樹葉就成了超級好吃的碳烤牛排。這種超越具體物件的想像轉換是中大班年齡幼兒的發展特色。從社會互動的觀點，這個年齡層的孩子，也以能夠從單人扮演進入到兩人以上的互動扮演。在圖 3-2-25 和圖 3-2-26 中，幼兒擔任服務生，為暫時入戲的「教師客人」提供茶水、點菜等服務。戲劇的結構已經從單一事件變成複合的情節，從點餐、倒水、接待客人，最後的收拾整理，甚至與客人道別，這些都反應出中大班幼兒在戲劇表現的進展。

▲圖 3-2-23　大廚廚師餐廳做菜

▲圖 3-2-24　中大班大廚的烤肉材料

▲圖 3-2-25
服務生為客人服務

▲圖 3-2-26
中大班客人喝水用餐

五、提供充裕的時間，讓幼兒累積足夠的「探索覺察」、「表現創作」、「回應賞析」的美感經驗

　　美感能力的養成需要靠長期時間經驗的累積；換言之，幼兒園需要提供幼兒充裕的時間，盡情地對環境中的事物進行「探索與覺察」，結合各種「表現與創作」的體驗，「回應並欣賞」生活中的形狀色彩、節奏旋律、動作表情、扮演情境等媒材元素，享受自我展現與想像的樂趣。如圖 3-2-27 ，左圖的幼兒利用鼓棒表現敲門的生活音效；而右圖的幼兒則用木桶表現所熟悉的兒歌之節奏。除了一般現成的樂器，幼兒也對自製樂器相當有興趣，如圖 3-2-28，幼兒一面用葉子或小石子裝瓶把玩，一面探索自製樂器的聲音表現。

▲ 圖 3-2-27　探索不同的聲音節奏、韻律

▲ 圖 3-2-28　探索自製樂器的聲音表現

　　生活中的各式器具也是幼兒可以運用來表現聲音的工具,如圖 3-2-29,幼兒使用鍋子、鍋蓋、餅乾盒、鐵製餐具等,探索他們敲擊的節奏與聲音。而除了探索覺察與表現創作外,進行活動後,也一定要保留充裕的「回應與賞析」時間,讓幼兒有機會分享個人的感受。有時回應的方式也可以很多元,在圖 3-2-30 中,幼兒在聆聽音樂後,以老師所提供的彩帶或線條,進行即興回應及分組創作。

▲圖 3-2-29　運用日常用品表現聲音節奏

▲圖 3-2-30　運用線條或彩帶回應對音樂旋律的感受

貳、美感生活的引導實例

一、入園、放學時間的美感引導

在幼兒園一日生活中，最重要的開始就是入園的時刻。為了讓幼兒連結正面的情緒而喜歡上學，如何增加幼兒或者家長在入園時的美好互動，就需要做點設計。如圖 3-2-31，教保人員刻意在入園大廳擺上可愛的熊布偶，安撫新生幼兒在入園初期的不安心情。隨後幼兒在引導下開始觸摸、擁抱小熊，透過這種感官的觸覺，產生幸福安定的感覺。更有幼兒每日到校後，皆要與小熊一起合照後才願意進入教室。另外，教保人員也準備了各種裝扮材料，提供給大一點的幼兒，讓他們為小熊進行造型創作，如新娘、新郎、國王、皇后等，都是幼兒們的創意呈現；或是配合主題及節慶增加聖誕帽、紗網等素材，當幼兒放學等候家長來時，可以自己動手換裝，增加隔天入園時的驚喜感。

每日入園、放學時間雖然零碎，但如果這是全園幼兒每日例行活動的一部分，就能累積充裕的時間，讓幼兒盡情的探索、創作與回應。

▲ 圖 3-2-31　入園時的美感好時光

二、轉銜時間的美感引導

　　轉銜時間是另一個進行美感生活的好機會，如學習區收拾的等待時間，或是輪流如廁、喝水的轉換時間，或者從戶外進入室內的移動時間，教保人員可以運用這些空檔進行美感互動。如圖 3-2-32、圖 3-2-33，一群幼兒先完成學習區的工作，老師引導大家運用肢體化身成蛹，準備變成蝴蝶，而當其他幼兒也完成收拾後，全班變成蝴蝶飛向戶外，繼續後面的活動。

▲圖 3-2-32　轉銜時，引導幼兒運用肢體活動

▲圖 3-2-33　幼兒化身成蛹，準備變成蝴蝶

有時在戶外活動後，也可運用簡短的童詩，加入簡單的戲劇引導，如定格動作或肢體默劇，幫助幼兒收心，準備進入教室內。如圖 3-2-34 至圖 3-2-35，幼兒表現童詩「風兒吹，落葉飄，落葉一片又一片，飄來飄去像小船。風兒吹，落葉飛，落葉一片又一片，好像一把小花傘」的情境動作。圖 3-2-36，則是幼兒定格呈現落葉著地後的形態，如小船、小花傘。

▲圖 3-2-34
運用定格動作幫助幼兒收心

▲圖 3-2-35
幼兒表現童詩的情境動作

▲圖 3-2-36　幼兒定格呈現情境動作

三、用餐／點心時間的美感引導

　　用餐是每天學校例行生活的高潮，教保人員若可以運用這段時間進行美感引導，一學期也可以讓幼兒累積不少美感生活的體驗。首先，可以先從食物的色彩形式切入，接著玩組合造型，從平面到立體創作，在中餐、早點或下午茶時間，以小組的方式進行引導（圖 3-2-37）。

▲圖 3-2-37　引導幼兒觀察食物的色彩形式

接著可以跳脫三色碗的限制，引導幼兒練習使用磁盤或自製餐墊，搭配食物的特色，進行擺盤的設計（圖 3-2-38 至圖 3-2-41）。

▲圖 3-2-38
引導幼兒練習擺盤

▲圖 3-2-39
幼兒完成擺盤設計

▲圖 3-2-40
跳脫三色碗的限制，練習造型組合

▲圖 3-2-41
練習自製餐墊與擺桌設計

最後，提供更多布料、裝飾進行擺桌或花藝創作，甚至延伸至家庭生活、戶外野餐或親師日、節令慶祝等全園性活動，讓這些美妙的幸福成果與家長分享（圖 3-2-42、圖 3-2-43）。

▲ 圖 3-2-42　插花體驗與水果百匯裝飾活動

▲ 圖 3-2-43　全園性活動的擺桌設計

四、戶外攝影的美感引導

　　美感生活散見於幼兒園的日常，戶外區也是一個引導幼兒享受美感生活的好地方。在圖 3-2-44 中，老師以「拍照」引導幼兒運用相機，嘗試從自己的視角，捕捉戶外遊樂場的發現。經過玩索不同的攝影方法，幼兒嘗試與自己和同儕的照片對話，並進行更有故事性的創作（圖 3-2-45）；到了期末，為自己成長的軌跡留下一本本的攝影集，有的學生作品則以展覽的方式讓家長們分享，為美好的童年留下難忘的回憶。

▲圖 3-2-44　運用相機捕捉自己的發現

▲圖 3-2-45　與同儕一起創作故事性的攝影作品

第三節　家長與在地社區藝文資源的運用

　　家長是教保人員最佳的社區資源，平日可利用上下學時間和家長聊聊，除了讓家長瞭解教學理念、子女在幼兒園的狀況，也可建立信賴的關係，並邀請家長或社區人士，貢獻分享其與美感相關的經驗、資源。

壹、家長的參與和藝文資源的運用

一、家長的溝通與參與

　　幼兒園的美感教育若要落實在日常生活中，必須先讓家長對美感教育的概念和對實施方法產生認同感。其中最容易的作法，就是讓家長一起參與並體驗美感的經驗，讓家長在無壓力的情況下，就能加入幼兒園美感教育的行列。

　　首先，幼兒園需要利用開學初或平日上下學的機會，運用環境小小的改變，引發家長好奇並藉機與其溝通，讓他們知道園內正在從生活或環境的面向著手進行改變，以使幼兒在平日就能體驗美感。另外，也可以運用正式的聯絡簿、給家長的一封信或親師日的機會，讓家長來園參與學校的美感裝飾或活動。

　　在平日的時候，教保人員也可以讓幼兒在家中與父母一起討論並挑選一樣美的物品帶來學校，並將之展示於經過精心設計的展示區中，成為「教室博物館」（classroom museum）的展藏品，或放在學習區中讓大家一同使用。

　　教室博物館就是將特定主題的物品及作品蒐集並展出，所有的物品及作品均由孩子帶來教室展示，用這種方式來展示說明可以讓主題更鮮明，展覽也變得更有趣及豐富。當孩子分享或增加他們自己挑選的展示品時，將會運

用到抉擇、解決問題及溝通等技巧。家中的寶物、家族的作品、甚至於隨性購買的東西，每一項均有其價值。「分享」具有教育性及趣味性，而博物館的主題也可以每個月依孩子的興趣做變換。其成功的要素如下頁（蔡瓊賢、林乃馨譯，2003，頁 79）。

1. 教保人員要確保第一次展示作品或展品的品質，以留給參觀者好印象。
2. 博物館展出須訂出主題，讓幼兒容易聚焦焦點，進而與展品互動達成學習目標。
3. 以非正式、親切的邀請單、通知單邀請家長參與。
4. 在教室內規劃簡單但有吸引力的博物館區，合適的硬體布置，包括一個供懸掛圖畫的背板及展示桌。
5. 將焦點放在孩子的作品上，展示出來並談談他們的經驗。

二、邀請家長參與幼兒作品的展示或創作，建立美感共識

家長都想瞭解自己的孩子在幼兒園中學習與成長的情形，而幼兒的作品就是一個相當好的媒介。教保人員可以邀請家長入園，與幼兒一起創作或是展示幼兒的作品特點（下頁圖 3-3-1）。透過親子共創的活動，一方面讓家長體會美感創作的樂趣，二方面也讓家長理解創作的歷程比成果還重要。最後，更要鼓勵家長回到家裡，也用同樣的態度面對幼兒的創作表現。

下頁圖 3-3-2 中，教保人員特別將插花的作品展示，並讓幼兒為受邀來參觀的爸媽說明自己的創作。對幼兒而言，能夠有機會在家長及同儕面前展現自己的作品，就是一種最好的鼓勵和體驗（下頁圖 3-3-3）。他們要提起勇氣，把自己創作的想法或感受，試著以口語的方式表現出來，同時也學習運用簡單的詞彙去解釋作品的特別性，有了這種經驗，幼兒就能很有信心地說：「這是我做的」，也間接體會與人分享的快樂。

三、邀請家長來園分享專長興趣

除了讓家長參與，以建立美感教育共識的一般性活動外，也可以邀請具備特別專長興趣的家長，來園分享或引導相關的活動（下頁圖 3-3-4 至圖 3-3-6）。

開學時可以發一張調查表讓家長填寫，以瞭解其職業、專長或興趣等資訊，並可詢問家長的意願，是否可在需要的時候來幼兒園擔任志工或主題活動的專家。邀請家長入園分享前的準備事宜建議如下：

▲圖 3-3-1　親子共同完成美感作品

▲圖 3-3-2　幼兒向家長說明自己的作品　　▲圖 3-3-3　戶外展現幼兒的作品

1. 邀請來的家長本身需具備和幼兒互動與溝通的能力。

2. 事前的溝通能讓家長知道活動的內容重點與學習目標。

3. 與家長確認相關材料將由家長提供或園方準備。

4. 與幼兒溝通如何和特別的嘉賓應對。

5. 與家長說明如何引導全班幼兒進行活動。

6. 適時肯定、讚美家長,讓家長有成就感。

7. 可讓家長的子女擔任小幫手,由提升幼兒的榮譽感來回饋家長。

8. 可請幼兒合作製作卡片送給家長,以表示感謝。

▲ 圖 3-3-4　寵物貓咪問答

▲ 圖 3-3-5　寵物美容院的家長來園分享

▲ 圖 3-3-6　花藝專長的媽媽入園分享插花擺飾

貳、在地社區藝文資源的運用

一、實地參訪社區與社區中的工作人員

社區中除了公園、鐵道、消防局、郵局、歷史文物館等公共設施外,近年來隨著公部門與私人行業對文化創意也相當重視,舉凡懷舊火車站、文創商店、或彩繪牆等如雨後春筍,都可讓幼兒參訪(圖 3-3-7 至圖 3-3-9)。

▲ 圖 3-3-7 到附近的火車站參觀

▲ 圖 3-3-8 參訪社區懷舊商店

▲ 圖 3-3-9 可帶幼兒走踏社區欣賞拼貼彩繪牆

在實地參訪前，需要做下列的事前準備：

1. 勘查場地，瞭解參觀路線、社區之美。
2. 向參訪處說明參訪目的、人數、活動內容，並徵得同意及配合。
3. 交通安排盡量以步行為主。

和同儕一起參訪在地社區，對幼兒來說是新奇且興奮的事，為了讓參訪有所收穫而非走馬看花，教保人員需要在行前與幼兒討論將要對哪些部分進行美感的覺察與發現，除了用「看」的之外，想想還可以運用哪些感官進行體驗。例如教師帶領整班的幼兒參觀鐵道生活村，觀看園區日式風格建築群的整體規劃，讓幼兒們感受過去時期的鐵道文化迷人之處（圖 3-3-10）。

▲圖 3-3-10
參觀鐵道生活村，運用五官覺察周遭美感環境

除了五官體驗外，在出發前，還可以和幼兒進行討論的事項如下：

1. 為了安全，幼兒需要做哪些事。

2. 參訪主題是什麼；回園後將分享哪些面向。

3. 回園後預計進行的延伸活動為何？團體經驗畫、社區地圖繪製、視覺藝術創作或故事戲劇扮演等。

如圖 3-3-11 至圖 3-3-12，幼兒去糖廠戶外郊遊後，觀察到光影的藝術創作；回到園內，也進行光影創作。圖 3-3-13 至圖 3-3-14，幼兒進入迷宮般的機器人園區玩耍後，回到學校，決定自行創作一個機器人的故事，並在校園中扮演分享。

▲ 圖 3-3-11　糖廠白屋窗影印象

▲ 圖 3-3-12　運用投影機進行光影創作

▲ 圖 3-3-13
糖廠機器人

▲ 圖 3-3-14
幼兒創作機器人故事戲劇

二、參觀藝文展覽或藝術家工作室

　　大部分的幼兒都缺乏接觸藝術作品的機會，反而對於卡通人物、電視廣告、流行歌曲的喜好與認識比較多，甚至就是每日生活的一部分，也是在幼兒園中進行扮演遊戲或創作表現的模仿來源。教保人員們常說：「小孩子很喜歡啊！」但事實上，幼兒並不具有辨別的能力，他們喜歡的原因是因為日日接觸，但不見得具有好的品味，對美感的啟發也可能有負面的影響。

　　幼兒時期是美感養成的關鍵期，周遭的成人需要常常帶領他們接觸並欣賞各種好品質的作品。而欣賞的來源可以是社區中的藝廊或文化中心，也可能是博物館、科博館、文物館、糖廠改建的文化園區、自然園區等（圖3-3-15、圖3-3-16）。近來有許多歷史古蹟改建後，都會定期舉辦文化展演或活動（圖 3-3-17），可就近利用，也可提供家長相關的資訊，鼓勵利用假日的親子時間參訪，以增加幼兒體驗各類藝術的機會。

▲圖 3-3-15　參觀藝廊畫展

▲圖 3-3-16　欣賞傳藝中心的民俗表演

▲圖 3-3-17　參觀松園別館的紙燈籠

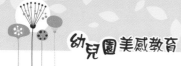

　　除了藝文場所，社區藝術家的工作室是另一個適合參訪的地方，透過拜訪工作中的藝術家，可以獲得許多第一手的藝術美感經驗（圖 3-3-18）。幼兒可以直接看到藝術家在現場工作的情形——看著陶藝家如何將陶土捏成陶器；看著雕刻家如何雕出作品。當他們看到這些藝術工作者發揮巧思、運用純熟的雙手和工具，一步步地完成一件作品時，從中所獲得的感動是不可言喻的。同時，如果事先安排妥當，幼兒能有機會接觸工作室中的材料，由藝術家引導進行相關的活動，這樣直接動手的經驗更是寶貴，如圖 3-3-19，由師傅親手引導幼兒進行捏陶活動，以及圖 3-3-20 中，幼兒參觀駐村藝術家工作室，與藝術家作品進行互動。

▲ 圖 3-3-18　參訪種子創作藝術工作室

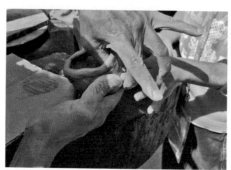

▲ 圖 3-3-19
陶藝家引導幼兒捏陶

▲ 圖 3-3-20
幼兒與藝術作品互動

通常在藝術家的工作室裡，會擺放或展示一些草稿圖、成品或半成品，幼兒能從中瞭解藝術作品和原創者的關係，是如何從原始的材料，透過大師的創意和純熟的技巧，轉變成一件耐人尋味的作品。同時，透過展示也能讓幼兒看到藝術如何和生活連結，並體會到原來平日只要加入一點巧思，就能享受藝術的生活。

三、邀請社區藝文人士來訪

除了可以帶幼兒去畫廊或工作室參觀，邀請藝術家、表演工作者直接到幼兒園也是不錯的方式。教保人員可查詢畫廊、博物館、文化中心、大學相關科系及社區藝術家等各項資料，並試著邀請願意到幼兒園與幼兒互動的人士。

如圖 3-3-21，藝術家帶著素材讓幼兒嘗試在透明版上進行創作。創作前，她先帶著幼兒感受大地的呼喚，用身體感受草地的觸感，用眼睛觀察環境中的色彩，用鼻子覺察身邊的氣味並用耳朵聆聽校園的聲音。接著，引導幼兒認識不同的顏色及多元的工具，如刷子、滾桶、海棉、刮刀等。藝術家為幼兒開啟了一場校園感官的創作遊戲。

▲ 圖 3-3-21　藝術家帶著素材讓幼兒嘗試在透明版上創作

　　圖 3-3-22 至 3-3-24 中，幼兒園邀請藝術家來學校分享藝術創作的過程與作品，同時藝術家也帶來了他創作中所使用的媒材和畫布，引導幼兒進行潑彩藝術的創作；在作品完成後，進一步讓幼兒和畫作進行光影互動的遊戲，透過這樣的活動也讓幼兒感染了藝術家創作的熱情。

▲圖 3-3-22　藝術家來訪和幼兒一起創作

▲圖 3-3-23
幼兒自己嘗試進行潑彩畫

▲圖 3-3-24
在畫作前玩光影遊戲

　　對於要邀請社區藝文人士與幼兒進行美感相關的活動前，需要先瞭解他們的背景。由於這些人可能比較缺乏與幼兒相處的經驗，教保人員需要事前向其說明幼兒的創作能力、如何引導幼兒、對於創作作品的解說等各種情形。同時，也可詢問其能否帶來工作上所需要用到的工具，請求他們進行藝術創作的示範，以及討論他們如何將這項藝術轉變成自己的興趣。也可鼓勵幼兒向其提問。大致而言，可參考 Kostelnik 等人（2004）的建議，從下列的幾點提示做事先的規劃：

1. 教導幼兒觀察、撫觸及討論藝術作品。

2. **簡單活動**：讓報告簡短（約十分鐘），安排藝術家及其工具在活動室中的某一區，該區可以讓幼兒在自由時間和藝術家談話。

3. **延伸活動**：請家長從其所認識的人之中，幫忙找一位藝術家、音樂家、舞蹈家或演員，並說明是為了幫助幼兒透過家長協助，簡單請教這些藝文人士相關資訊，瞭解其所從事的藝術工作內容。或請家長幫忙邀請藝術家到園接受幼兒的簡單訪問。

美感與藝術教育之發展及內涵

幼兒美感能力奠基於平日在生活環境中的陶養，但在面對不同年齡幼兒的藝術表現或個別藝術形式的內涵概念，教保人員仍需要瞭解基本的理論概念。因此，本章將先針對視覺藝術、聽覺音樂及戲劇扮演的發展理論做介紹，再針對各藝術形式的內涵要素做說明；最後，對各種藝術媒介的教學與欣賞的引導提供原則性的建議。此外，提供美感與藝術教育實施要點於附錄，供教保人員參考。

第一節　幼兒視覺藝術發展與教學原則

壹、幼兒造型之發展理論

藝術教育學者 Viktor Lowenfeld 與 W. Lambert Brittain 的著作《創造與心智的成長》（*Creative and Mental Growth*, 1982），是幼兒視覺教育中最經典的論述。以「發展」為基礎，他們認為幼兒視覺造型創作是一種「自發性的美感表現」，只要能夠提供一個開放自主的學習環境，重視創作的過程，讓

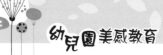

幼兒依個人獨特的方式，表現其知覺、想法與感情，如此就會促進幼兒在各方面的發展（黃壬來，2003）。依據 Lowenfeld 與 Lambert Brittain 的研究，不但對兒童各層面的發展有重要的影響，也反映了幼兒在不同階段的發展特徵。幼兒造型的發展趨勢，年紀越小其自發能力就越高，表現也更自主、個別化；而年紀越大，其作品表現就越來越接近「視覺物像」。

在進行美感教育時，教保人員若能對不同時期幼兒造型發展特徵有一定的瞭解，將能幫助幼兒在視覺藝術創作上的表現。參考黃壬來教授的分析（2003，頁 12-21），不同年齡幼兒之視覺創作表現具備不同的特徵，若能順應這些特徵給予適當的啟發，幼兒視覺美感的表現就能順利開展，以下是個別發展期的特徵（下頁表 4-1-1）：

一、塗鴉期

無控制塗鴉期開始於一歲半，幼兒在塗鴉時，常使用大肌肉以整隻手握筆來移動手臂，尚無法靈活控制動作。此時眼與手的動作無關，眼睛未必看著畫面，而是由大肌肉「讓畫筆在紙上畫出不同方向的線條」，塗鴉為追求運動的快感，無法有目的的運用畫筆，不會有意圖畫出任何東西，選色也不具任何意義。

有控制塗鴉期開始於兩歲左右，幼兒具有手眼協調的基本能力，逐漸以手腕控筆並注視動線。此時仍以重複的動作塗鴉，常出現反覆的縱橫線，但已能控制手肘關節，接著會有大圈圈的線條。色彩的選擇乃未具有特別的目的。

命名塗鴉發展於三歲左右，此時幼兒手眼協調發展較佳，可用手指握筆，且注意力更好。雖未能表現空間，但幼兒會發現圖與背景的關係，且會用不同色彩來區別不同意義的塗鴉，如綠色代表噴火龍，紅色代表噴火。會進行有意識的創作，從單純塗鴉的動作轉為具有想像思考的塗鴉。此時創作的形象仍難以辨識，但會對其創作賦予意義並「命名」，只是其命名不太固定，會隨時改變。

表 4-1-1　Lowenfeld 繪畫發展階段

階段		特徵
塗鴉期	1.5 歲 無控制塗鴉	● 眼與手的動作無關，眼睛未必看著畫面 ● 大肌肉移動手臂畫線，尚無法控制動作 ● 隨意塗鴉，無目的的畫線或用色
	2.5 歲 有控制塗鴉	● 具有手眼協調的控制能力，以重複的動作塗鴉，常出現反覆的縱橫線 ● 已能控制手肘關節 ● 接著會有大圈圈的線條 ● 選擇色彩時，未意識到任何目的
	3〜4 歲 命名塗鴉	● 從單純塗鴉的動作轉為有意識的塗鴉，會賦予塗鴉意義，但形象仍難以辨識 ● 會為塗鴉命名，但名稱不固定，有時會改變 ● 會發現圖與背景的關係，但仍未能表現空間 ● 用不同色彩來區別不同意義的塗鴉
前圖式期	4〜7 歲	● 開始有意識的做具象表現，能發現現實、想法與繪畫之間的關係 ● 無空間秩序表現，物件與物件間缺乏客觀邏輯關係，比例大小亦主觀 ● 人物以蝌蚪人為主，出現眼睛、嘴巴 ● 色彩與畫面中的形象關係，由兒童喜好決定

資料來源：整理自黃壬來（2003）

二、前圖式期

前圖式期約在 4〜7 歲，在握筆與工具媒材的掌握上更好，其畫出的形象更具體，已能發現現實、想法和繪畫間的關係。發展上仍以自我為中心；構圖上，無空間秩序表現，物件與物件間缺乏客觀邏輯關係，比例大小亦主觀，但會逐漸朝向視覺化與客觀化的發展。人物以「蝌蚪人」為主，開始畫出眼睛、嘴巴，逐漸加上身體部位，後期可以畫出更多的細節。色彩與畫面的形象關係，由兒童的喜好決定。

三、圖式期

幼兒上小學後，進入**圖式期**。入小學的兒童對物象的表現形式比較固定，但比起學齡前幼兒，其「自發能力」卻也較為顯著降低。在引導學齡後幼兒進行創作時，要留意盡量保有其自發和獨特的表現，否則給予太多成人的指導，就很容易讓他們失去原創表現的企圖。

貳、幼兒造型表現之發展特徵

以下以 Lowenfeld 與 Brittain（1982）的研究為基礎，參考黃壬來教授（2003）的整理，將學齡前幼兒造型發展的特徵，依不同年齡層，分別就其手眼發展及空間表現、內容表現和概念表現等四個方面進行分析：

一、1～2 歲／無控制塗鴉

一歲半後的幼兒，手眼協調尚未發展，以大肌肉握筆為主要塗鴉方式。在**空間表現**方面，還未能將眼睛所看到的反映於畫中，無法有目的的操控畫筆，有時候畫出紙外，只能作畫於平面素材。

在**內容表現**，未真正意識到手中的蠟筆有沒有畫出任何的圖像，只是單純地享受這樣的過程。先前畫的內容和隨後畫的沒有什麼關聯。

在**概念表現**方面，用色的目的只是隨意塗鴉，沒有什麼目的。

二、2～3 歲／有控制塗鴉

隨著幼兒大肌肉及手眼協調的發展能力漸趨成熟，在**空間表現**方面，幼兒已逐漸會運用手腕來畫線，也能注視塗鴉動向、能在紙內塗鴉。塗鴉的範圍不太大，只在畫面中的某些部分，或在先前畫的形狀附近塗鴉。

在**內容表現**方面，能畫圓圈、環狀、垂直與平行線，也能臨畫圓圈，但所畫出的人物，他人無法看得出來。

在**概念表現**方面，塗鴉選用色彩時，還未能意識到選色的目的。

三、3～4 歲／命名塗鴉

大約三歲半左右，幼兒的小肌肉發展能力也愈臻成熟。在**空間表現**方面，線條的種類變多，線條不單指線條，也成為形狀的一部分；會發現圖與背景的關係，但仍未能表現空間。

在**內容表現**方面，能將所畫形象與事物相關聯（具想像力），有時其所留的空白、所畫的線具有意義；唯所畫形象仍難以認定，他人可指出其所畫的哪些部分是人物。

在**概念表現**方面，能依自己的想法塗鴉，對所畫的內容可加命名（如跑、跳或旋轉等），但有時會改變命名；會用不同色彩來區別不同意義的塗鴉。

四、4～7 歲／前圖式期

在**空間表現**方面，幼兒畫面空間以自己為中心，作畫時常會轉動畫面；所畫內容的位置及大小都受到幼兒的主觀性所影響，內容散布整個畫面；每個形象之間沒有空間或比例大小關係，配合畫面大小而扭曲形象。

在**內容表現**方面，圖畫成為幼兒與人溝通的工具；並能畫出頭足型的人物，表現方式時常改變；人物常對著觀賞者微笑，且漸能畫出其四肢（如手臂、身體、手指、腳趾等）；到後期還可能表現出更多細節（如衣服、頭髮等）；有時可能扭曲或省略人體某一部分。

在**概念表現**方面，四歲能臨畫方形，五歲則是三角形，幼兒選用的色彩和其想表現的常不太有什麼關係，但可能有其深層的心理意義；所繪內容都偏向幾何類型，當其中一些部分脫離整體時，就不具有什麼意義。

以下將上述的內容，以表列的方式呈現如下頁表 4-1-2。

表 4-1-2 幼兒造型表現之特徵

發展向度	1～2 歲／無控制塗鴉
空間表現	● 使用大肌肉，以整隻手握筆來移動手臂畫線 ● 無法有目的地操控畫筆，有時候畫出紙外 ● 還未能意識到可將眼睛所看到的反映於畫中 ● 只能作畫於平面素材
內容表現	● 先前畫的內容和隨後畫的沒有什麼關聯
概念表現	● 用色的目的只是隨意塗鴉，沒有什麼目的
發展向度	**2～3 歲／有控制塗鴉**
空間表現	● 雖仍以反覆運動來塗鴉，但已逐漸會運用手腕來畫線，也能注視塗鴉動向、能在紙內作畫 ● 塗鴉的範圍不太大，只在畫面中某些部分，或在先前畫的形狀附近塗鴉
內容表現	● 能畫圓圈、環狀、垂直與平行線，也能臨畫圓圈 ● 所畫出的人物，他人無法看得出來
概念表現	● 塗鴉選用色彩時，還未能意識到選色的目的
發展向度	**3～4 歲／命名塗鴉**
空間表現	● 線條的種類變多，線條不單指線條，也是形狀的一部分 ● 會發現圖與背景的關係，但仍未能表現空間
內容表現	● 能將所畫形象與事物相關聯（具想像力），有時其所留的空白、所畫的線具有意義，唯所畫形象難以認定 ● 他人可指出其所畫的哪些部分是人物
概念表現	● 能依自己的想法塗鴉，對所畫的內容可加命名（如跑、跳或旋轉等），但有時會改變命名 ● 用不同色彩來區別不同意義的塗鴉

表 4-1-2　幼兒造型表現之特徵（續）

發展向度	4～7 歲／前圖式期
空間表現	● 幼兒畫面空間以自己為中心，作畫時常會轉動畫面 ● 所畫內容的位置及大小都受到幼兒的主觀性所影響，內容散布整個畫面；配合畫面大小而扭曲形象 ● 每個形象之間沒有空間或比例大小關係
內容表現	● 圖畫成為幼兒與人溝通的工具 ● 能畫出頭足型的人物，表現方式時常改變 ● 人物常對著觀賞者微笑，且漸能畫出其四肢，如手臂、身體、手指、腳趾等 ● 後期還可能表現出更多細節，如衣服、頭髮等；有時可能扭曲或省略人體某一部分
概念表現	● 四歲能畫方形，五歲能畫三角形 ● 幼兒選用的色彩和其想表現的常常不太有什麼關係，但可能有其深層的心理意義 ● 所畫內容都偏向幾何類型，當其中一些部分脫離整體時，就不具有什麼意義

資料來源：黃壬來（2003）

參、視覺藝術之內涵

　　幼兒需要發展一些豐富的語彙來形容許多生活中的美感經驗，或者談論自己對藝術作品的想法。因此，若能在幼兒園的生活中，常常提供充分的體驗與引導，幼兒就能逐漸耳濡目染，不但樂意分享感受並嘗試運用相關的語彙來描述自己對作品的看法。在幼兒對基本的概念有所體會後，逐漸會將之融入於自我的創作表現或欣賞中（圖 4-1-1）。

　　在引導時，教保人員需要先儲備一些基本的內涵概念，運用適當時機與幼兒進行正式或非正式的討論（討論的方式舉例如下頁表 4-1-3）。以下綜合學者們的建議（林玫君，2005；張金蓮，2014；黃壬來，2003；蔡瓊賢、林乃馨譯，2003；Isenberg & Jalongo, 1993），針對一些**基本要素**包含「色彩、線條、質地、形狀、空間及設計」等概念做介紹。

▲圖 4-1-1　色彩、線條與上下對比的視覺藝術設計

表 4-1-3　視覺藝術基本要素與設計的向度及範例

要素	向度	範例
色彩	色相：如紅、黃、黑 色調：冷／暖／中色系 明度：明亮／暗沉 彩度：如大紅、玫紅 分量：輕重 對比	廚房阿姨身上穿的衣服是什麼顏色呢？ 哪一種顏色讓你覺得比較熱？或比較涼快？ 哪一種顏色讓你覺得比較暗？或比較亮？ 哪一種顏色讓你覺得比較鮮豔？哪一種比較紅？ 哪一種顏色讓你覺得很重？或輕飄飄的感覺？ 「白」天的相反會讓你想到什麼？
線條	尺寸：粗細、長短 樣式：虛線、實線 方向：直線／橫線 　　　斜線、曲線 　　　垂直／平行 動態：鋸齒、螺旋	哪條線看起來比較粗？或比較細？ 哪條線的中間有斷掉？ 哪些線像電線桿一樣是直直的？ 哪件是橫條紋衣服？ 哪些路彎來彎去的？ 哪些線看起來好像在旋轉？
形狀	種類：圓形、三角形 　　　規則／不規則 形式：大小、長寬 　　　開放／閉合 　　　對稱／不對稱	哪一種形狀有三個角？ 教室的窗戶是什麼形狀？ 哪一朵雲的形狀看起來比較有趣？ 哪一個形狀可以找到出口？ 哪一種植物的葉脈右邊、左邊長得一樣？
質地	硬度：軟、中、硬 粗細：粗、中、細 厚薄：厚、中、薄 紋理：粗糙／細緻 　　　斑紋 　　　透明	哪一個摸起來比較硬呢？ 哪一個比較粗？ 哪一片比較輕？或比較薄呢？ 哪一個摸起來比較細？ 哪一種的紋路看起來比較漂亮？ 哪一個是透明、看得到裡面有什麼？
空間	位置：上下、前後 　　　高低、遠近 　　　裡外、重疊 感覺：開闊／擁擠	玩具在桌子的上面還是下面？ 杯子在茶壺的前面還是後面？ 球在呼拉圈的裡面還是外面？ 這幾個房間比起來，哪一間比較寬敞？
設計	焦點 對比 對稱／均衡 韻律：反覆、交錯 　　　漸層／漸變	這張畫裡，讓你想要一直看的是什麼？ 哪些角色是壞人？哪些是好人？ 哪些形狀切一半之後，左邊跟右邊是一樣的？ 這首兒歌中，重複了哪些動作？ 哪一段音樂是漸漸變大聲？

一、色彩

在談論色彩時，可以從其色調的「名稱、色度、溫度、份量、對比、品質」等語彙切入。色彩的**名稱**，「單一色調」如紅色、藍色、黃色三原色，或者「混合色調」如土耳其綠、紫紅色等，都可以提供幼兒描述不同色調的基礎。有些「混色概念」也可以介紹給幼兒，如當紅色與黃色混合後，顏色改變為橙色，但卻與原色相關；可水彩混色或選用玻璃紙讓幼兒覺察顏色混合的不同表現（圖 4-1-2）。

色度代表同一種顏色會因為其層級的變化會有「明亮、深暗、淡淺」等不同形容方式，如球是亮紅色，磚塊是暗紅色。**色調／溫度／份量**也是用來形容色彩的方法，如你作品中的藍色感覺很冰冷；紅色顯得很熱情；或表示**份量**時，可以說：「這個顏色感覺很『輕盈』，那個讓人覺得『沉重』」。

色彩的「對比或品質」也可以進行討論。**對比**如「白天與黑夜、紅燈與綠燈」；**品質**是對所看到的物象而產生的聯想或感覺，如綠色標誌讓人想到植樹環保、咖啡色讓人想到建築體、藍色讓人想到海洋；有時也可引發對生活用品的聯想，如圖 4-1-3，從藍色聯想到水，進而創作清潔公司的招牌。

▲ 圖 4-1-2　色彩的探索

▲ 圖 4-1-3　幼兒選用易聯想到水的藍色，創作清潔公司招牌

二、線條

　　線條是構成一件作品的基本要素。可以引導幼兒從鉛筆、蠟筆、簽字筆、毛筆等線畫材料，去體會**線條的基本種類**如「粗細、直線／鋸齒」等。同時，**作品的組成**則包含「長度、方向及關聯性」等要素。**長度**是指線條的長短，如在紙上畫滿了短線線條；**方向**是指線條的上下、斜線、平行的關係；而**關聯性**是指以不同線條交錯在一起的相關性，如重複、平行或是交錯。

　　除了基本要素，可讓幼兒觀察、實驗**線條的不同動態**，如「直、彎、螺旋、斷續、連續、重疊」等，再讓孩子觀賞畫家作品中所用的線條是何種運動。通常在一些肢體活動或舞蹈動作中，最容易體驗線條在空間中的動態關係；教師也可以提供不同色彩的毛線，讓幼兒在呼拉圈上進行編織創作；或是讓幼兒運用白色的紙黏土雕塑立體線條與造型的創作（圖 4-1-4）。

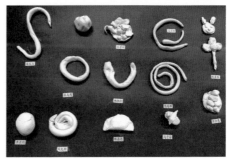

▲ 圖 4-1-4　幼兒實驗線條的不同動態與探索創作

三、形狀

形狀是線條之後更複雜的組成,可以從「名稱、大小、開放／閉合及虛實」來討論其中的變化。日常生活中有許多**常見的形狀**,如心型葉片、方形積木或劍龍背上的三角形;**不同大小的形狀**,如圓形小圖案、較大的月餅、較小的盤子;一些**不規則的形狀**,如雪花、花瓶或動物等。讓幼兒先觀察或以身體動作探索各種形狀,再運用黏土、陶土、紙張、樹葉等素材進行創作。

閉合的形狀如 O 字形或**開放**的形狀如 C 或 U 字等,也是可以討論的方向。形狀的「虛實狀態、排列或組合關係」也是另一種描述的角度。**虛實狀態**包括空的形狀如輪胎,或填滿的如球型;**排列或組合關係**的形狀如枯枝、樹葉、果實、不同造型的積木與配件,組合成平面的風景畫或是建築物,皆可讓幼兒從中發現形狀組合的變化(圖 4-1-5)。

▲圖 4-1-5　形狀的探索、組合與排列創作

四、質地

　　質地觸感也是在視覺藝術中非常容易帶入討論的概念，其中包含**軟硬、粗細、厚薄、紋理**等。不同藝術材料或工具的交錯運用，會帶給人不同的感覺，例如將顏料用刷子灑在圖畫紙上，與直接用水彩塗在紙上是不一樣的。或者混合使用不同的美術工具或材料，如漿糊、蠟筆及彩色筆混合水彩，或在顏料中加上沙子進行手指畫等，這些都會帶給幼兒不同的觸感經驗。在圖4-1-6 中，幼兒觸摸不同的樹葉，依色彩分類，以及在枯枝上進行彩繪；或在圖 4-1-7 中，幼兒以各種紙張、毛根、吸管、紙圈、紙盤、衣架等回收素材進行立體創作，都可以體會不同軟硬及紋理的質地觸感。

▲圖 4-1-6　質地與材料的探索

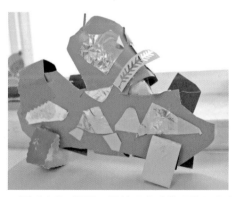

▲圖 4-1-7　運用不同軟硬度或紋理的回收素材創作

五、空間

　　空間意指人體或物件邊界之間的關係，包含「位置、界限、平衡、聚合」。**位置**是上下、左右、前後、高低、遠近等的關係，如房子的前面有一棵樹。**界限**則是指裡外的關係，如車子停在車庫裡。**平衡**空間也和其它「形式或物件的排列組合」有關，如在一個畫面中，如何將人物或物件放於適當的位置以取得均衡的感覺。**聚合**則是比較主觀的感受，可能從空間中「穿透或填滿」的狀態，討論「開闊或封閉擁擠」的感覺。對於空間概念的認識，可以提供幼兒卡紙、飲料罐、紙杯、布料、紙捲筒，搭配各種積木素材，進行立體創作（圖 4-1-8）；另外也可以讓幼兒以肢體排列組合，以體驗空間中的關係和感受（圖 4-1-9）。

▲圖 4-1-8　進行立體創作以認識空間

▲圖 4-1-9　肢體空間的聚合與平衡

六、設計

　　設計意指作品的組織架構，透過各種色彩、線條、形狀等不同的擺置或排列的方式所帶給一件作品的視覺效果，其中的概念包含「焦點、對比、均衡／對稱、韻律」等。

　　焦點是設計中想要強調的重點，常常能夠讓人眼睛一亮，在觀看作品時，可以詢問幼兒最吸引他們的是什麼，藉此討論如何透過不同元素的組成方式，創造強烈的視覺焦點。

　　對比是許多藝術媒介中，最能夠突顯差異的共通要素。因此，在引導幼兒進行視覺觀察或欣賞時，最容易引起好奇與討論的就是從對比切入，針對色彩、線條或形狀進行比較。可以提供幼兒黑白、紅綠、黃紫等具有強烈對比色彩的生活用品，也可以提供光影、明暗、深淺等亮度和彩度對比差異大的物件，讓幼兒仔細觀察並發現其中的差異（圖 4-1-10）。

▲圖 4-1-10　戶外光影焦點與色彩對比

均衡／對稱是基本的設計概念，表示一些元素組合中對稱或不對稱的關係，許多常見的動植物、建築、食物、生活用品等，常常與「對稱」的概念有關（圖4-1-11）。例如蝴蝶的翅膀或剪刀工具都有對稱關係；也可以藉由模仿動作、對稱畫引導幼兒認識對稱關係。

▲圖 4-1-11　在日常生活中隨處可見具有對稱性的昆蟲、建築、器具、餐點等

韻律原指按一定規律交織穿插的變化，由同一種元素或不同元素**重複或交錯**而組成的變化。原住民的服飾、油紙傘的剪紙花、提袋的編織、中庭的吊燈等常出現重複或交錯的線條、顏色及形式（圖 4-1-12、圖 4-1-13）；幼兒的串珠工作中，也會有重複或交錯的變化；甚至在自然的景象如落日餘暉的色彩，都能找到韻律的蹤跡。韻律元素常常會和音樂、舞蹈、詩歌結合，像是音樂中反覆出現的旋律，或舞蹈中重複動作而組合成的舞步，甚至童謠句尾中反覆出現的韻腳，這些都是讓幼兒感受「韻律」的最佳來源。

▲圖 4-1-12　原住民服飾及油紙傘的韻律設計

▲圖 4-1-13　編織袋、吊燈的韻律設計

🌹 肆、幼兒視覺藝術之教學原則

一、常引導幼兒對生活中各種事物進行細微地觀察

　　一般人美感的覺察力相當不敏銳，對於生活中的各種事物常常是「視而不見」，只知道它的存在，卻從未花費心思做進一步的觀察。因此需要在幼兒早期就養成其運用感官覺察周遭的事物的美感習慣。在生活中，經常接觸到的**人造物**如裝扮服飾、禮物包裝、生活用品、家飾用品等；**自然物**如動物生態、植物花草、自然景觀等；**綜合物**如公園、展覽空間、建築古蹟等。教保人員可以引導讓幼兒細細觀察，針對其中的視覺要素如線條、形狀、色彩、質地等進行比較與討論，可參考第 111 頁表 4-1-3 的範例說明。

二、營造開放的創作氣氛並接納幼兒獨特的創作表現

　　幼兒需要在一種自然開放的氣氛中進行創作，而其中教保人員看待幼兒創作與作品的態度，會影響幼兒的自我表現。幼兒視覺造型的創作特徵，本來就自主而自在、純真自然且非以寫實為主，因此，成人不宜將幼兒作品和外在真實的物件或現象做比較，用以評斷幼兒創作的好壞；反而應該欣賞幼兒個別的想法與表現，並重視創作過程對幼兒的意義（第五章將會特別針對幼兒作品的欣賞做說明）。**幼兒自我表現**的關鍵在於其是否能夠依自己的方式自由自主地進行創作，並從中體驗快感及表達知覺、情感和想法，唯有對幼兒的創作表示接納與尊重，並能依其發展的特徵來鼓勵創作，他們才能從中獲得自我肯定及信心。

三、提供適性發展的引導

　　依據不同年齡幼兒的需求，可以提供適性發展的工具材料和引導。如**塗鴉期**的幼兒，需要充裕的時間進行各種工具材料和創作方式的探索；在材料

上，適合用蠟筆、水彩或粉筆等，**蠟筆**需好握且無毒，**水彩筆**可讓幼兒感受液體流動的經驗，而畫筆也需要較寬的把柄和筆頭。**紙張**可選擇白色且較大的尺寸，以滿足幼兒有足夠的空間使用整隻手臂讓其由不同方向運動，且容易看清楚他們畫出來的圖案。若是**水彩畫**的紙張，則需要選用較厚且堅韌的材質，才不會因為重複塗抹而造成潮濕破裂（圖 4-1-14）。而創作可以貼、撕、手指畫或捏塑黏土等方式進行（蔡瓊賢、林乃馨譯，2003）。

在引導創作方面，在**塗鴉前期**，提供能夠讓幼兒揮動大肌肉、體會創作快感的活動即可。此時的作品顯得抽象，在引導時不需要特別為他們的塗鴉命名或詢問背後的故事或目的，只要給予適當的關注與評論就可以，如「你畫畫時用到整隻手臂」，或「你把整張圖畫滿了」。而當進入**命名塗鴉期**，就可以配合幼兒經驗，以問答的方式啟發創作主題的想法，如「週末和爸爸、媽媽去哪裡玩？做了什麼事？有什麼特別的？」。

進入**前圖式期**，在材料上的提供可以參考塗鴉期，包含蠟筆、顏料、粉筆、大張畫紙、黏土、黏貼用具（膠水、漿糊）和粗鉛筆等，此時幼兒想像力正在發揮中，不宜教導物體固有色的使用，例如幼兒用藍色畫消防車，而不用常見的紅色，其實是因為其認為消防車的肚子裡裝著水；頭髮不一定都是黑色或白色，也可以選用不常見的綠色（圖 4-1-15）。

▲ 圖 4-1-14
塗鴉期的拼貼創作

▲ 圖 4-1-15
前圖式期的想像力

四、提供舒適的創作環境與整齊開放的櫃架

　　幼兒應有足夠與良好的空間從事創作，盡量在教室中提供一個讓幼兒可以自由進行個人創作的區域，並留意採光、通風、用水及清理的方便性。另外，也需要依空間大小提供整齊、開放式櫃架，分類各種視覺藝術工作的工具與素材，以鼓勵幼兒自由取用進行創作（圖 4-1-16、圖 4-1-17）。空間中也需要考慮作品展示的方式，以及能夠提供更多視覺刺激的藝術造型或作品，如生活藝品、名家繪本、美術圖片／照片或複製品等。

▲ 圖 4-1-16　美勞區工具與材料櫃

▲ 圖 4-1-17　美勞區鬆散素材櫃分類

五、提供自然、人造或立體的素材

在創作的素材與工具方面，應考慮多樣性與發展的合宜性，除了常見的美勞素材，可以多提供自然或人造素材（含回收物）。平面素材外，也可以考慮立體素材，如紙黏土、紙箱、積木、木工等。需要依據不同的時節、主題或地緣文化，定時更換或變化相關素材和創作形式，以吸引幼兒的眼光並提高其創作的興致（圖4-1-18至圖4-1-20）。

▲ 圖4-1-18　運用自然素材進行主題性創作

▲ 圖4-1-19　運用自然及人造素材鋪排創作

▲ 圖4-1-20　善用回收資源進行創作

六、使用多元的教學策略,進行創作與欣賞的引導

　　無論創作或視覺作品的欣賞,都可以結合多元的教學策略,一方面能引起幼兒的興趣,二方面增進創作的想像與構思。除了問答之外,可以運用「遊戲、音樂、身體律動或戲劇扮演」等方式,來激發創作的想法或欣賞的動機。例如以不同類型的音樂節奏,來想像繪畫線條的力度與長短的表現;以手揮動彩帶感受空間線條移動的感覺,再進行創作或欣賞。

　　教保人員可運用多元跨域的教學策略,從肢體到視覺創作,最後再進入戲劇表演。如先鼓勵幼兒以手臂做出大圓形,再以其他身體部位做出三角形、方形。然後提供視覺素材,讓幼兒發揮想像進行創作,如圖 4-1-21,幼兒創作了「魔幻森林」的巫婆;接著由教保人員以戲劇的方式扮演巫婆施放魔法,把幼兒變成不同形狀的餅乾雕像,並在小精靈營救後安全脫逃(圖 4-1-22)。

▲圖 4-1-21　以視覺素材創造出巫婆角色　　▲圖 4-1-22　幼兒變成不同形狀的雕像

七、使用簡單的藝術語彙，與幼兒一起討論相關概念

在日常生活中，除了引導幼兒對周遭美的環境或事物有所發現和覺察，需要培養幼兒以藝術家的眼光來談論他們的想法。無論在社區探查、一日作息的發現中，如幼兒在學習區探索媒材工具、進行創作、或分享作品時，都是最佳的引導時機。千萬不要透過一堂堂結構性的課程進行知識性的教導。

在開始的時候可以引導幼兒運用一些簡單的**藝術語彙**，如**色彩**、**線條**、**形狀**和**質地**來形容生活中的美感經驗，如圖 4-1-23 中，從最明顯的彩繪或椅子的色彩、形式、線條開始，接著可以比較其間的異同；如圖 4-1-24 從種子或橋的色彩、形式、線條開始，接著可以比較種子、橋面水泥、彩色鋼條的質地等。

▲ 圖 4-1-23　引導討論彩繪創作的色彩、線條和形狀等元素

▲ 圖 4-1-24　比較不同的種子、建築體其間的異同

在圖4-1-25左圖，在一片花海中，先讓幼兒觀察植物，比較花的色彩（有一大片是黃色，還有紅色、粉紅色、綠色），再讓幼兒想想後方的地景創作是什麼？也可討論**線條**及**主題**：「你覺得那個彎彎曲曲的像什麼？」只要常常引導幼兒以自己的語言加上一些形容詞，幼兒也能從藝術的角度來回應自己的感覺。例如「一串彎彎的線條，好像一條龍飛過」、「那隻羊身上的毛摸起來感覺好粗」、「羊咩咩不知道是用什麼材料做的？」。當孩子逐漸習慣於談論這些藝術元素時，可以適時地在其中加入**更多的語彙**如**空間、對稱、韻律**等概念。如圖4-1-26的左圖，當抬頭向上仰望時，看到的是什麼？木頭排列的順序是怎樣？有對稱嗎？圖4-1-26右圖的花布呢？是不是對比的顏色？形式線條有什麼不同？給人的感覺有什麼不同？

▲圖 4-1-25　從色彩、線條、形狀和質地等元素開始討論

▲圖 4-1-26　進一步討論空間、對稱、韻律等元素

伍、視覺藝術賞析之引導原則

　　若是教保人員本身就熱愛藝術，平日常常參與各種展覽，也蒐集一些藝術的圖片、照片、書籍、繪本或藝術複製品等（圖 4-1-27），就可以直接讓幼兒接觸自己的蒐集，並進行藝術品的鑑賞活動。到底藝術作品的鑑賞要素為何，而其引導要點又為何呢？

　　依據 Hurwitz 和 Madeja（1977）的研究，藝術鑑賞的要素可以包含「知覺、知識、移情和美感」（引自黃壬來，2003，頁 28-29）。其中**知覺**是指透過視覺的接收，對於外物及其物與物之間關係的覺察；**知識**則是指藝術的歷史背景、作品派別、作家或造型要素原理等分析；**移情**是個人對於作品的情感或思想的同理與推想，也可以是個人將自己的情感與思想投射於作品的心理歷程；最後，**美感**就是對鑑賞作品的理解與體會後，所產生的愉悅感覺。

▲圖 4-1-27　參觀展覽時可蒐集藝文照片、複製品

　　從以上要素的說明可以發現，「藝術鑑賞／審美」的要素包含理性與感性的體驗，而當理性與感性結合為一時，就會成為 Dewey 所言具有統一性質的經驗，就是所謂的「完整經驗」，而透過這個經驗，觀者從中獲得一種滿足與淋漓盡致的感受（林玫君，2012）。

　　除了「藝術鑑賞」（art appreciation）的要素，Bullough（1977），認為**藝術鑑賞的歷程**是一種複雜的心理活動，包含**感覺、知覺、推想、判斷、靜觀**等，黃壬來教授曾在其《幼兒造形藝術教學》一書中，將藝術鑑賞歷程以圖表呈現如圖 4-1-28 所示（2003，頁 26-27）。

感覺	個人透過感官及生理歷程，獲得外在事物的訊息
知覺	腦部接受後，將感官資訊依個人覺察與經驗賦予意義，如色彩、形式、素材或藝術知識概念
推想	對鑑賞對象做合理假設，探求作者欲表達的思想與情感
判斷	依美術原理或個人品味，而對藝術作品做審美判斷
靜觀	在進行美感的判斷後，進而與其產生心理的連結

圖 4-1-28　美術鑑賞的歷程

資料來源：黃壬來（2003）

一、欣賞視覺藝術作品的引導原則

綜合 Feldman（1981; 引自黃壬來，2003）、Mary Mayesky（引自蔡瓊賢、林乃馨譯，2003）及張金蓮（2014）等人的建議，在引導幼兒欣賞藝術作品時，其引導步驟如下：

（一）形體描述

請幼兒敘述所看到的形象，如「這幅畫最引起你注意的是什麼？」、「哪些人？」、「他們在做什麼？」、「花園裡的那兩個人是誰？」、「有其他的東西？」、「有幾隻動物？」。若是抽象的作品，也可以直接連到下個步驟，順勢問問所看到的線條、色彩與形狀與感覺。

（二）形式描述

描述所看到的形象或色彩與形狀間的關係，並依個人的覺察和經驗給予意義。如「這些馬站的位置有什麼特別的地方？」、「線條怎麼排列？」、「有哪些不同形狀？有什麼變化？」、「有哪些顏色？哪些顏色看起來很不一樣？哪些看起來一樣？」、「有很多尖尖的形狀」、「前面的樹和後面尖塔的方向看起來一樣嗎？」、「蠕動的景物，給你什麼感覺？」。

（三）解釋推想

探求作者想要表達的思想與情感，如「你認為畫家在畫這幅畫時是什麼感覺？」、「這兩個人在做什麼？為什麼天使要向她敬禮？」、「許多東西好像在扭動，他想要說什麼？」。

（四）評價判斷

個體達一定發展後，才有能力對作品進行評價判斷，因此對幼兒園的孩子，可以跳過這些討論，直接進入下個步驟。

（五）美感靜觀

討論後請幼兒關注於作品中，靜靜觀望，讓大家有時間和自己的心理產生連結，可以更進一步地請幼兒想像他們正在畫裡，並詢問：「如果你在畫裡，你想住在哪一個地方？感覺如何？」、「你覺得會聞到什麼東西的味道？」、「什麼動物會住在那裡？」。

二、幼兒視覺藝術作品的引導原則

視覺藝術欣賞的對象不一定是要大師畫作或藝術作品，反而是幼兒作品會較合適。這些創作反映幼兒的生活經驗或喜愛，只要運用恰當的引導，不但能藉此和幼兒們討論作品的感受和想法，同時也肯定了幼兒的創作行為。以下為 Mary Mayesky 的建議（引自蔡瓊賢、林乃馨譯，2003，頁 75）。

（一）避免制式的說法

幼兒作品的表現和成人迥異，因此在欣賞時，要避免一些制式的說法，免得反而壓抑欣賞的目的。在看到幼兒作品時，不要馬上給予任何的想法，可以先保持微笑，給予幼兒先說的機會，如此比較能夠讓自己有時間仔細欣賞作品，並思考要說什麼。

（二）在對話中肯定幼兒付出的努力

盡量使用問答的對話方式，肯定幼兒為創作所付出的努力或投入的程度，例如「你覺得很引以為傲，是不是？」、「你花了好多時間做出這麼多形狀啊！」、「你今天好認真畫畫喔！」。

（三）避免強調模擬現實狀態

幼兒的創作並不完全是在模擬外在真實的現象，尤其在「塗鴉期」的幼兒，不要將焦點放在藝術表現的內容，如「這是什麼？」，應該留意其作品中有什麼，而不要強調作品中沒有什麼。

（四）以藝術概念要素給予回饋

可以參考前一節所提到的藝術元素，從色彩、線條、形狀以及設計或組成品質等不同的角度給予回饋，如「看這些藍線條組成多麼漂亮的形狀啊！」，或問幼兒如「貓咪的臉上有哪些不同的顏色？」

（五）從作品談論個人興趣及生活經驗

除了藝術元素之外，也可以從作品中談談幼兒的興趣、經驗或感覺，例如幼兒說：「那是我家的狗，牠的名字叫小花。」，你可以回答：「你家的狗好可愛」，也可以這樣回答：「我可以看得出來你很喜歡牠，你用很多不

同顏色的蠟筆來畫小花。」當幼兒年齡比較大，能夠透過創作具體表現一些想法時，或許可以問問幼兒：「願不願意告訴我你的作品是什麼？」當然，這個問題的答案，肯定與否定都是可接受的。

（六）不要更正或修改幼兒作品

幼兒的作品並不是現實世界的翻版，因此不要想去更正或修改幼兒的作品，讓作品更切合現實，反而要讓幼兒感到可以自由選擇或增減細節。成人的批評及更正不僅不能鼓勵幼兒，反而更無法增進其美感經驗（圖4-1-29）。

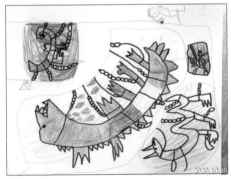

▲ 圖 4-1-29 尊重幼兒的原始創作

第二節　幼兒聽覺及音樂發展與教學原則

　　音符間存在的音樂律動的「愉悅」是眾所認定的一種美感經驗，如何讓學習者體會到音符之間的動力，如何激發對音樂感受的身心機制，應是音樂美感教育首重之處（王麗倩，2011，頁 57）。Dalcroze 認為音樂的學習在於音樂內的感受性，而非純粹演奏及演唱技巧的學習，可以透過各種方法去體會音樂知性與感性之美（引自黃麗卿，1998，頁 42）。

　　幼兒音樂欣賞教學有其重要性，而如何配合幼兒各階段之音樂能力發展進行有趣的引導與教學，則是本文所要探討的重點。本節將先對幼兒音樂教育理論及各階段音樂發展特徵，加上音樂基本概念進行介紹；之後，再對幼兒音樂引導原則及欣賞之流程與策略做說明，希望對美感教育中的音樂媒介有進一步的瞭解。

壹、幼兒音樂聽想之預備發展

　　Gordon（2003）曾提出「音樂聽想」發展理論，他認為兒童未來音樂的表現和音樂聽想的發展有關，而所謂的**聽想**是指當停止音樂或聲音時，還能聽到並理解音樂的能力（引自莊惠君譯，2000）。他強調幼兒階段是進入音樂聽想前的「預備音樂聽想期」（下頁表 4-2-1），必須把握這段聽覺發展的關鍵期，提供各種促進幼兒聽想發展的音樂節奏和旋律。參考 Gordon 的分析，不同年齡層幼兒對聲音／音樂的知覺發展，有下列特徵（引自莊惠君譯，2000，頁 59-65）。

表 4-2-1 幼兒階段「預備音樂聽想」的類型及其發展階段

類型		發展階段
接收同化型	出生至 2～4 歲 對外在環境有一些 自我意識	● 吸收：以聽覺蒐集環境中各種音樂的聲音 ● 有目的反應：試著應和著音樂環境而有所 動作或是喃喃發聲
模仿型	2～4 歲至 3～5 歲 有意識地參與且專 注於環境	● 意識自我：意識到自己的律動與發音和外 在的音樂不合 ● 離開自我：正確模仿外在的音樂，尤其是 音高型與節奏型
融合推衍型	3～5 歲至 4～6 歲 有意識地參與，且 專注於自我	● 內省：發現自己的唱、唸、呼吸以及律動 缺乏協調 ● 協調：將自己的唱、唸與呼吸、律動相互 協調

資料來源：莊惠君譯（2000，頁 58）

一、接收同化型

出生至 2～4 歲幼兒：從出生起，幼兒就已經會以「聽覺」來蒐集環境中的各種聲音及音樂，而當發展逐漸成熟，到了 2～4 歲，幼兒就會試著以肢體擺動或喃喃發聲的方式來應和這些音樂。此階段不需特別進行有目的的活動或是有意識的思考，反而最需要提供充滿了音樂和聲音的環境，讓幼兒對所聽到的音調、節拍或和聲，盡情發聲或自由舞動。

二、模仿型

2～4 歲至 3～5 歲：在接收同化型後期，幼兒會逐漸對音樂做出模仿，稱為「模仿型」。此時依幼兒對音樂的「意識程度」為兩個階段：第一是**意識自我階段**，在持續接觸和比較自己及他人哼唱的經驗中，幼兒開始離開音樂的自我意識，發現除了自己與音樂溝通外（主觀的預備音樂聽想），還需和其他的人做音樂溝通（客觀的預備音樂聽想）。這個過程對他們在預備音樂

聽想的發展很重要，因此必須讓幼兒在小組或團體中接觸，並體會各種不同的調性或音高形式，以跳出自我主觀的意識，進行客觀的比較和模仿。此時幼兒雖然無法準確模仿或有邏輯性，但大量的經驗是促進日後音樂發展的基礎。不過相當重要的是，每次哼唱同一首曲子時，調性和節奏要盡量一致。

第二是**離開自我階段**，此時幼兒在「音高」方面，只能注意到主音、結束音或中心音；而在「節奏」部分，則是固定的大拍子或是小拍子。不過，此階段幼兒會試著尋找音樂固定的語法與結構（織度），且能夠更準確地模仿或分辨不同的音高和節奏。因此，在提供各種不同的音樂時，其曲調宜清楚、節奏必須固定，同一首曲子要「絕對音高」而非相對音高，讓幼兒能夠容易模仿且產生自信。

三、融合推衍型

3～5 歲至 4～6 歲：第一階段是屬於**內省期**，此時幼兒會從熟悉唱出的音高或唸謠的節奏中，開始意識到必須調節肌肉或呼吸的運作來表現出固定音高或節奏，然而受限於生理的發展，仍無法協調合宜。第二階段是**協調期**，隨著幼兒生理的發展趨於成熟，當他們在唱熟悉的曲調時，能夠有意識地調節自己，以配合固定的音高或節奏，由此發現前輕音、後輕音及輕音等肌肉或呼吸的協調與運作情形。逐漸地，在個人或團體歌唱及樂器敲奏時，能客觀地聆聽以知道部分細節變化，並調整自己或他人的音高與節奏，使得音樂的表現更準確，如此更能享受音樂的樂趣與意義。

貳、幼兒音樂表現之發展特徵

除了 Gordon 的發展理論外,也有美國學者(Isenberg & Jalongo, 1993)及國內學者參考國內外文獻(許月貴、鄭欣欣、黃瀞瑩譯,2000;黃麗卿,1998)對幼兒在音樂的「覺察與感受力」、「音樂歌唱」及「律動表現」進行分析,以下將做綜合說明。

一、1～2 歲幼兒之音樂發展特徵

在**覺察與感受力**方面,對聲音有反應,能夠從音樂中認出其所熟悉的聲音或樂器;可以辨別不同的聲音,嘗試模仿某些聲音或大概的音高;喜歡敲打家庭物品或樂器並感覺音色的差異,如以木湯匙敲擊碗盤或用手敲打鈴鼓。

在**音樂歌唱**方面,試著模仿不同的聲音或歌曲,有時配合固定又熟悉的旋律片段,一面遊戲一面喃喃哼唱。

在**律動**方面,喜歡活潑且反覆的音樂並隨音樂跳舞;能配合手指謠或兒歌,以大肢體回應快、慢等節奏。

二、3 歲幼兒之音樂發展特徵

在**覺察與感受力**方面,能認出熟悉的曲調及歌名;如果累積足夠的經驗,可配合簡單、清楚節奏型態的樂曲,以簡單的節奏樂器表現出對於拍子、節奏及音高的覺察。

在**音樂歌唱**方面,較佳的聲音自我控制能力;喜歡與別人一起唱,但彼此調性不一致;模仿所聽到歌曲的樂句;對熟悉的歌曲會掌握得比較好。

在**律動**方面,即興的舞蹈動作增多且表現較細緻;配合音樂做出走、跑、跳的協調動作(通常是跑步);喜歡探索實驗不同肢體的表現,例如墊腳走路;想參與並以肢體動作表現帶動唱或手指謠,也會配合歌唱加入創造性戲劇的呈現。

三、4 歲幼兒之音樂發展特徵

在**覺察與感受力**方面，在聆聽音樂時，可以維持較長的注意力；以人聲或樂器模仿曲調音高或節奏型態；喜歡有趣、節奏性強的音樂（如歌唱、律動、手指謠、樂器伴奏）。能用聲音、形狀、大小、高低、音色來分辨不同的樂器；能夠學習基本的音樂概念，如音高（高低）、節奏（長短快慢）、大小聲（輕重強弱）等；另可使用語彙來表達這些概念；喜愛玩弄鋼琴及其它樂器。

在**音樂歌唱**方面，語彙的能力快速增長；能把一首完整的歌記起來；自發哼唱或唱出較有結構的兒歌或手指謠；對曲調及節奏掌握較精準；音域平均可以唱出五度；喜歡加入團體的歌唱遊戲或比較複雜的歌曲；嘗試為歌曲配上樂器。

在**律動**方面，喜歡戲劇性的律動；配合自發哼唱的歌曲，以動作來表現其中的節奏；更能掌握自己的大肢體動作，在空間中進行走路、跑步等簡單的移動性動作；可以很快地從一種類型的動作替換到另一種，如「跳、跳、跳到圈圈中；轉、轉、轉到圈圈中」。團體性及分享的能力增加，適合玩簡單有規則的音樂遊戲。

四、5 歲幼兒之音樂發展特徵

在**覺察與感受力**方面，對於音高、節奏、旋律的感受力增加；能瞭解旋律走向（如音高是往上或往下）、區別不同的音域。能以樂器從事簡單的合奏或伴奏，表現簡單的音樂概念，如音高（高低）、節奏（快慢）、力度（強弱）等。

在**音樂歌唱**方面，喜歡唱長一點且具有規則結構的歌曲，如顏色歌、數字歌、重複性的兒歌或唸謠；音域範圍擴大為五至六度；可以重製、回應別人給的旋律；也可以自己創作簡單的旋律。能建立自己對音樂的喜好，較喜愛互動式的歌曲。

在**律動**方面，能跟隨較特殊的節奏模式做動作，如一面配合進行曲的節奏敲擊樂器，一面圍圈踏步行進；喜歡參與各式團體性的唱遊活動。此時韻律動作的表現，可做多數的基本移動性技巧（如踏步、滑步、交叉步、踏步、單腳跳、雙腳跳）和非移動性技巧（如旋轉、滾動、彎腰、伸展、蜷曲、屈伸）；可做一部分的操作性技巧（如拋、擲、滾球、拍球、運球）。

五、6～8 歲幼兒之音樂發展特徵

在覺察與感受力方面，音樂的概念已經發展得完整，有辦法瞭解音樂符號，如音程的概念；表現出對於某一種樂器學習的興趣；對於樂譜和音樂當中如何唱或演奏的關係，有比較多的覺察。

在**音樂歌唱**方面，歌聲已近乎成熟的程度，能夠配合音域範圍在八至十度內的音高唱歌；逐漸具有和聲的覺察性；喜歡淘氣搞笑的歌曲，也喜歡理解歌詞中的文句，如繞口令這類的遊戲歌；開始學習歌詞，也可以把比較需要大量記憶或有順序的技巧，應用在熟悉歌詞的部分。

在**律動**方面，能夠即興創作律動來配合音樂節奏，如配合跟著樂器的節奏拍手；能夠理解更複雜教學指示；在大人的指導下，學習民歌或民俗舞蹈。

參、聽覺與音樂之內涵

在幼兒學習音樂的歷程中，他們也會透過歌聲、樂器、身體動作等音樂媒介，去探索音樂力度、速度、音高與旋律等內涵概念。在平日生活中，若能給幼兒多點自由時間，去探索及發現音樂元素，幼兒對於音樂就會有較深且較廣的體驗（Kenney, 2004）。教保人員需要對這些基本的音樂內涵有所認識並知道如何引導，才能即時提供幼兒鷹架，讓其有更好的音樂表現。劉永慈、許佩玲（2013）的實驗結果顯示，教保人員在音樂活動中加入創意音樂肢體動作的「音樂元素」、「肢體動作元素」和「創造元素」，能有效提升大班幼兒的創意潛能。

一般音樂的基本概念包括：節奏、速度（tempo）、音長（duration）、力度（dynamics）、音高（pitch）、曲調／旋律（melody）、曲式（form）、音色（timbre）、韻律（rhythm）、和聲（harmony）等（Bruns, 1988; Kenney, 2004）。在幼兒階段，只要著重在節奏／快慢長短、力度強弱、音高、旋律及音色等基本的音樂概念即可。以下將分別說明。

一、節奏──快慢長短

構成音樂的第一要素是節奏，所以音樂教育應從**節奏**開始。在幼兒的生活中，到處充滿著不同的節奏，從觀察人物動作的移動，就能有一些基礎的瞭解。只要把握「即興」的原則，節奏練習隨時都可以實施（黃麗卿，1998）。可以提供不同快慢的音樂或樂器節奏，要幼兒配合並以動作或簡易的樂器做回應（Isenberg & Jalongo, 1993, p. 175），利用快慢的對比加入一些想像的情境，可以增加戲劇效果及趣味性，例如請幼兒變成一輛汽車在空間中移動，配合音樂或敲擊樂器，先從正常的速度慢慢加到最快的速度，再從最快的速度轉回慢速行駛並慢慢停下來。如此連續幾次，就可以讓幼兒具體體驗快慢節奏的感覺。

二、力度──輕重強弱

兩歲以上的幼兒已經能夠在成人的協助下，慢慢分辨聲音**力度**的輕重強弱感覺，教保人員可以讓幼兒在聆聽任何的樂器或音樂時，故意把聲音放大或變小，讓幼兒親身體驗聲音強弱的變化；也可以運用擊鼓的方式，從輕輕的到重重的敲擊，感受不同的力度所產生的變化（Isenberg & Jalongo, 1993, p. 175）。此外，教保人員可以用樂器製造不同力度的聲音，讓幼兒以擬人的方式，做出相應的動作（變成大象踏出重重的腳步、學小偷踮起腳尖輕輕地走路）。如此，透過肢體動作的強化，幼兒就比較能具體理解力度的概念。

三、音高——高低

音高有兩個組成要素，其一是「聲音本身的音高」，它根據有聲物體的振動次數來決定音高；其二是「音色的成份」。兒童對於聲音的音高變化有所領悟和瞭解，就表示對於音高進行的聲音變化產生了認知（郭美女，1999，頁 130-131）。在幼兒園可以透過鐵琴或音磚，將音高像階梯般一層層（stair steps）的概念介紹給幼兒，開始時可以用對比性的音高，如最低音和最高音來分辨音高的不同；也可以介紹往上或往下的「旋律走向」（Isenberg & Jalongo, 1993, p. 175）。

四、旋律／曲調

旋律是由一些樂音有組織地進行並表現出一定的音樂意義，其具備兩個基本要素：**(1)音調的感覺**：對於聲音排列組合的認知和領悟；**(2)聽覺的表現能力**：能聆聽和判斷聲音，可對再製造的聲音做出正確的判斷（郭美女，1999，頁 131）。幼兒階段主要是從唱遊兒歌中擷取基本的旋律、節奏，讓幼兒反覆聆聽、模仿唱出，同時也可以運用身體的搖擺來體會音樂或歌曲中的律動感受（Isenberg & Jalongo, 1993, p. 176）。例如兒歌「小星星」，每句歌詞不盡相同，但其旋律、音高反覆且排列組合清楚。

五、音色

音色是音高的另一個組成要素，它根據有聲物體材質的和聲數量、和聲的振動大小來決定（郭美女，1999，頁 130-131）。因此，發音物體、發音方式或者發音狀況的不同，就會產生出不同的音色。例如同樣的旋律、音程，如果用不同的樂器來演奏，就會呈現出不同的音色（頁 134）。或在森林情境的教室中，請蒙上眼罩的探險者分辨其他幼兒模仿各類動物昆蟲的聲音，以培養其對音色類別與高低的判斷能力（黃麗卿，1998，頁 94）。

肆、幼兒聽覺與音樂之教學原則

一、示範並展現對音樂的熱情

　　成人喜愛音樂的態度會影響幼兒，而天天與幼兒接觸的教保人員，就是最佳的示範者。當教保人員開口唱歌，幼兒就有機會觀察其嘴型，進而明白如何掌控肌肉與發聲（Isenberg & Jalongo, 1993, p. 180）。唱歌時專注陶醉的神情，也會點燃幼兒對歌唱的熱情，享受音樂表現的樂趣。平日隨時留意周遭各種聲響或音樂，以此為幼兒示範如何運用自己的「聽覺」去覺察及感受周遭的事物與現象。前述都不需要特別的音樂訓練才能進行，而是一種對音樂喜好的態度展現。因此教保人員需要打破迷思，認為「一定要音樂專才或歌唱家才可以給予孩子有經驗價值的音樂」（許月貴等人譯，2000，頁215-216）。事實上，幼兒需要的是能夠在日常生活中，看到對音樂充滿熱愛的模範。

二、營造開放愉悅的音樂學習環境

　　幼兒需要一個支持性的環境來進行音樂的學習；換言之，教保人員需要營造開放且接納的學習氛圍，讓幼兒在其中自由地探索並體會成功的經驗（圖4-2-1）。由於幼兒年紀尚小，其手眼協調或聲音控制的機能還跟不上成人的要求，因此在引導歌唱或音樂律動的活動時，不要讓幼兒因為常常要在眾人

▲圖 4-2-1　開放愉悅的音樂空間

面前唱歌或表演而感到害羞且有壓力。一開始必須確定幼兒聽音及肢體發展的情形，在合理的挑戰下進行音樂歌唱或律動的活動。

應著重音樂學習過程，而非音樂成果的展現，只有當幼兒產生信心並願意累積足夠的經驗後，音樂的表現才能漸漸到位（黃麗卿，1998）。因此，盡量避免為了特殊才藝或畢業成果，而花費許多時間強迫幼兒進行冗長又反覆的排練工作，這對多數的幼兒而言，不但不適合其發展的需要，反而令其挫折恐懼，一旦產生負面的情意連結，就更難對音樂產生學習的熱情。

三、重視非正式的學習時段，將音樂融入日常生活作息中

許多音樂活動會被安排在特定的課程時段中，殊不知幼兒園有許多時間可以讓幼兒接觸各類的音樂旋律和節奏。將音樂融入平日生活小時段，比一週兩次的正式音樂或律動課程，更能豐富幼兒在音樂韻律的美感經驗（圖4-2-2）。如在轉銜、用餐、等待的零碎時間中，教保人員可以和幼兒一起唱唸熟悉的歌謠、手指謠；或敲打固定的節奏，讓幼兒以拍手或簡單的肢體動作做回應（圖4-2-3）。也可在入園、學習區、收拾、戶外活動、午睡等各種時段播放不同的音樂，營造適當的氣氛，擴大幼兒接觸不同類型音樂的機會。不過，必須謹慎選擇音樂，不要將音樂當成背景而忽略其本身的內涵（吳幸如，2005）。

▲圖 4-2-2
在例行性戶外活動中玩索風的聲音

▲圖 4-2-3
在戶外轉銜時間的聲音探索

四、選擇多樣性的素材及音樂來源

為了擴大幼兒對生活中各種聲音／音樂的接觸，教保人員在音樂素材的選擇上，可以考慮較多元的方向來進行活動。黃麗卿（1998）就曾建議可以採用自然聲音如風聲、雨聲、打雷聲、汽車聲、杯碗互碰的聲音等；身體樂器如彈指聲、拍臀聲、拍手聲、彈舌聲、踏腳聲等；或自製樂器如沙鈴、風鈴、洗衣板等。為了方便取用，可以將上述的自製樂器和一般的節奏樂器，如鈴鼓、沙鈴、三角鐵、木魚等放在學習區中（圖 4-2-4），適時開放給幼兒在團體活動或個別時間使用（Isenberg & Jalongo, 1993, p. 180）（下頁圖4-2-5）。

在團體的音樂活動中，可以採用 Gorden 的建議，讓幼兒經驗各種類型的音樂，包含各種不同的音高形式或節奏的音樂（莊惠君譯，2000）。此外，也可以提供不同風俗文化或屬性的曲風，藉此開拓幼兒不同類型音樂的欣賞角度。這些與文化相關的素材，除了坊間現有的教材外，也可以從幼兒園在地環境中選材，如客家社區的童謠或原住民舞蹈，甚至可以邀請班級幼兒的媽媽（越南、印尼等外籍配偶）到園分享屬於自己文化的歌謠。

▲圖 4-2-4 多元聲音節奏的素材來源

五、運用想像或互動性的遊戲，引發回應參與的興趣

幼兒參與活動的動機就是來自於「遊戲」，因為在遊戲中，幼兒可以跳脫現實的限制、呼朋引伴、轉換角色情境並連結正面的情意。Mang（2005）研究發現 2～3 歲幼兒歌唱時，常與想像遊戲和肢體動作結合，因此，遊戲是幼兒歌唱的重要內涵。

如同以上的敘述，可以在音樂的活動中加入想像或互動性遊戲，讓幼兒盡情的玩耍並投入其中（黃慧娟，2013）。例如從神祕袋裡蹦出小丑先生，請幼兒一起幫他配聲音；一面配合音樂，一面玩捉迷藏或木頭人的遊戲；假扮成兒歌、手指謠中的動物或人物，一面唱歌一面做出相應的動作（圖4-2-6）。

▲ 圖 4-2-5　體驗團體合奏的樂趣

▲ 圖 4-2-6　運用想像或互動遊戲引發參與興趣

六、選擇有豐富音樂表情的音樂，引導幼兒使用簡單語彙發表想法與感受

很多人以為幼兒年紀尚小，無法應用恰當的語彙來表達自己的感受，因此常以「兒語」和幼兒溝通，讓幼兒少了許多練習基本音樂語彙，如音高、節奏、音長、音色等的使用機會。只要在平日常常詢問幼兒對音樂或不同聲音的感受，鼓勵他們以高低、快慢、強弱等簡單的語彙進行描述，隨著語彙的增加和自我表達能力的增進，幼兒會很願意在一般生活中、律動活動或音樂欣賞後，運用簡單的語彙溝通自己的感受。不過，在選擇音樂時，需要找到具有豐富的音樂表情、足以表現出音樂元素的形式或意涵的聲音，讓幼兒易於擷取其中的感知經驗，發揮想像力去經驗每個音樂元素所具有的形式意義與動覺美感（王麗倩，2011，頁57）。

七、鼓勵創造性活動並尊重幼兒對音樂想像與感受的表現

教保人員常習慣以一些兒歌或唸謠，帶領幼兒進行帶動唱的活動，而這些活動往往一成不變，難以啟動幼兒豐富的想像與創意。教保人員可以透過創造性戲劇或肢體律動等活動，引導幼兒表現自己對音樂的想像。例如在進行「造飛機」活動時，除了單純唸唱讓幼兒模仿固定的飛行動作外，可以先引導幼兒想像自己變成一架飛機，嘗試各種飛行姿態，隨後再進行活動。這樣的課程能夠讓幼兒親自操作、發揮想像、並從中體驗配合節奏飛行的樂趣。

Church（1992）也主張以幼兒為中心，重視其身體內在韻律的感覺，建議運用**創造性律動**（creative movement），讓幼兒去感受、學習、聆聽音樂，並透過經驗來領悟身體與外在音樂韻律的協調關係，把內在的情感具體地呈現出來（引自吳幸如，2005，頁214）。除了透過身體動作外，也可引導幼兒透過戲劇、繪畫、唱歌或改編歌曲的方式，表達聆聽音樂的感受。雖然幼兒嘗試以各種方式來表現所聽到的音樂感受，但是受限於生理或相關發展的因素，不一定能如成人般的期待，因此，需要尊重幼兒對音樂的感受與表現，只要給予機會、常常練習，就能逐日培養幼兒對音樂的感受力（圖4-2-7）。同樣地，當幼兒好不容易嘗試將熟悉的音樂加上自編的歌詞時，即使歌詞內容並無押韻或是未能配合旋律節奏，首先就是要接受幼兒的作品，不要隨意替幼兒修改歌詞，讓他們感覺自己沒有能力獨自完成（許月貴等人譯，2000，頁264）。

▲ 圖 4-2-7　以肢體表現並回應對音樂的想像與感受

🌹 伍、幼兒音樂賞析之引導原則

音樂欣賞並非讓幼兒被動聆聽，而是配合幼兒遊戲及發展天性，整合律動遊戲、即興哼唱、視覺圖像、戲劇扮演、音樂素材、發問討論等教學策略，針對音樂的聽想、要素、音感、演唱演奏等表現形式，有創意地引導幼兒進入音樂世界。許多教育者建議（李玲玉，2007；廖美瑩、薛鈞毓、潘彥如、李佳穎、陳惠娟，2010；劉英淑，無日期；鄭方靖，1997；Campbell & Scott-Kassner, 2009），音樂賞析應該與多元感官及藝術結合進行引導，如下說明：

一、以熟悉的「音樂主題」入手

容易引發幼兒欣賞興趣的音樂，就是其生活中最常聽到的歌曲或樂曲。如布拉姆斯的「搖籃曲」，加上歌詞「快快睡、快快睡」或莫札特「小星星」變奏曲，是幼兒再熟悉不過的兒時音樂。而常聽到的旋律，如頒獎典禮上的舒伯特「軍隊進行曲」；結婚典禮常聽到孟德爾頌「結婚進行曲」；「少女的祈禱」常被垃圾車播放，大家應該都不陌生，卻不知原作出自波蘭女作曲家巴達捷夫斯卡。這些耳熟能詳的音樂都是名曲，若能在幼兒園適時播放，並花點時間進行討論，幼兒就能在自然的情境感受音樂欣賞的樂趣。

二、以「身體律動」或遊戲動作回應音樂

培養幼兒對音樂的內在直覺感應，特別從身體出發，這是音樂欣賞的起步。平日可讓幼兒常隨著音樂旋律以自己身體動作回應；或讓幼兒在遊戲中，以動作配合音樂強弱、快慢、長短、高低等要素，表現自己對音樂的覺察（下頁圖 4-2-8）。可選擇節奏鮮明有力的**進行曲**，因為其曲調簡單、樂句規則，幼兒很容易一邊聽一邊跟著節奏進行踏步、傳球、對拍等遊戲。也可以用快／慢對比的音樂，如莫札特「土耳其進行曲」加上葛利格「皮爾金組曲」中的「清晨」，請幼兒回應不同音樂中的快慢節奏，討論其中的差異。

三、以「視覺圖像」連結音樂的概念及想像

音樂與視覺藝術有很大關聯性，無論在線條（長短）、織度（輕重）、節奏（快慢）及顏色（音色），若使用適當的視覺或圖片輔助，可增加幼兒對音樂元素的連結。**聽音樂畫圖**是一種用圖像表現聲音的方法，可以引導幼兒對特定的音樂要素做出回應，但不需要求幼兒畫出具體的物體，或經歷過分複雜的畫圖過程。「畫圖」的真正目的是要幼兒從「聽」引發「感覺」而產生「形象」，這些形象可以由簡單的線條、色彩，直覺地畫出來。**器樂曲**中的**標題音樂**，通常具體反應作品意境，容易做聯想，適合做為欣賞入門的曲目，也可以做為音樂發想的來源，如貝多芬第六交響曲「田園」的自然主題，或是聖桑「動物狂歡節」的動物主題。**無標題音樂**雖然抽象，但也適合幼兒進行自由聯想（圖 4-2-9）。

▲ 圖 4-2-8　以身體韻律回應音樂

▲ 圖 4-2-9　以視覺圖像連結音樂概念及想像

四、以「戲劇扮演」呈現對音樂的聯想及體驗

在欣賞音樂之後，讓幼兒把聽到音樂後的想法，透過引導發展其中的角色、劇情，最後以戲劇扮演的方式呈現出來，讓幼兒進一步體驗自己創造出的音樂想像世界（圖 4-2-10）。**音樂故事**是戲劇扮演的現成題材，通常會以不同的樂器音色代表故事中的各種角色，再運用強弱、快慢、長短、高低、和聲的變化來描述戲劇化的劇情。如可讓幼兒多聽幾遍普羅高菲夫的「彼得與狼」，熟悉主題曲調和不同的樂器聲音，再讓幼兒自行創作其中人物的動作與對話。如一開始的弦樂合奏代表彼得出現了，小鳥也接著出現，這時可以引導討論兩個角色一起玩耍的情境。接著出現了鴨子、小鳥及貓咪，可以討論三者的關係，小鳥和鴨子如何躲避想吃牠們的貓咪。後來爺爺來叫彼得回家，之後還有大野狼、獵人等人物出現，可以分段引導不同的故事片段，最後再以全體扮演方式，試著一面進行欣賞音樂、一面表現所創造出的劇情。

▲圖 4-2-10　戲劇扮演呈現對音樂的聯想

五、對有故事性或標題性的音樂，先「發問」引導

在欣賞**標題音樂**時，主要是聆聽音樂曲目，而非解說與標題有關的內容。教保人員的引導不是要先告知「正確答案」，而是讓幼兒聆聽並發表感受與想法。在聆聽**音樂故事**時，也不是一昧地講故事，而是要在適當之處發問，讓幼兒從音樂中回應想法與感受，也引發和音樂要素與概念的連結，教保人員可以提問：

這段音樂是快的？還是慢的？

你覺得這是描寫哪一種動物？為什麼？

這段音樂特別激烈，到底發生了什麼事情？

綜合而言，音樂欣賞教學可以有多元的彈性，但都需要透過好的音樂題材、問話技巧、聽音聯想及各種藝術的回應媒介，如肢體、舞蹈、圖像或戲劇故事等，在漸進式的引導下，逐漸累積幼兒對音樂內涵及要素之感受與回應的美感能力。

六、音樂欣賞的引導流程

任何的音樂欣賞都會隨著不同的教學目的，而有不同的引導流程。如果想純粹以音樂主題旋律、音樂史及音樂要素為主要欣賞目標，可以採用邵義強老師（1996）的建議進行教學（引自林庭君，2011）。

（一）引起動機

藉由故事的講述，或配合已學歌曲和合奏曲，使幼兒的心境投入到抽象的音樂中。欣賞時，可讓孩子做出適當的身體反應，透過快樂的聆聽、感受拍子、節奏強弱和速度的感覺與變化。如唱過「老烏鴉」後，聽巴赫的「小步舞曲」；演奏過「土耳其進行曲」後，聽貝多芬的管弦樂原曲等。

（二）習唱主題

可引導幼兒習唱主題的部分，困難複雜地方省略，並且跟著旋律低聲哼唱，反覆練習加深其印象，使幼兒不會唱完即忘。

（三）隨著旋律的流瀉，以豐富的想像力去聽

　　讓幼兒沉浸在抽象的音樂情境中時，在一曲終了時，引導孩子說出內心的感受。如以普萊亞的「口哨與小狗」為例，讓兒童想像樂曲中描述的情景並自由發表。

（四）進一步親近樂器的音色

　　要讓幼兒們熟悉樂器音色，必須利用獨奏曲或協奏曲，選擇適合的曲目進行教學，但樂器種類只要局限在最常見的幾種即可。如海頓的「小號協奏曲」、比才的「阿萊城姑娘」組曲，是認識小號或長笛音色最好的曲目。

七、音樂欣賞的引導流程──年幼幼兒

　　如果教學的對象**年紀較小**（三歲以下），欣賞的目的是「音樂興趣、音樂想像及聽音與相關音樂概念的準備」，就可以用比較多元的方式進行引導（下頁圖 4-2-11）。廖美瑩及戴美鎔（2012，頁 198）稱這樣的教學為**音樂聆賞**，提出以視覺藝術、舞蹈、戲劇、文學等不同形式的藝術媒介來進行教學，以下是其建議流程。

（一）暖身／動機引導

　　正式主題教學前，利用肢體想像、集體畫及律動的方式進行暖身活動，以便讓幼兒發展各種創作之可能性。例如在「公園」主題中，可先引導幼兒討論公園裡玩耍的經驗，詢問小朋友可能會玩些什麼，接著透過創造性肢體舞蹈、集體畫及故事等方式進行活動。

（二）音樂想像（片段）

　　抽取一首曲子的**樂段**，運用**創造思考**之腦力激盪、列舉、5 W1H 原則（who、when、where、what、why、how）及自由聯想等方式激發想像，進行**音樂肢體創作**（下頁圖 4-2-12）。例如先回想公園的遊戲經驗，再聆聽Music garden-winter 的 My Day 第三樂段中「上行與下行音」部分，鼓勵把聽到的「上行與下行音樂概念」的感受，結合經驗中的聯想，用肢體配合音樂表達出來。

（三）主題故事表現（整首）

幼兒對於短樂段有較深的體驗後，可以再播放整首曲子，透過創造思考的發問引導，要幼兒想像音樂所表達的故事，最後再以肢體或戲劇扮演的方式表現。

（四）集體作畫

幼兒討論出故事後，有了肢體經驗，透過不同的素材，如水彩、色紙、油漆等，根據不同的主題進行集體的繪畫，有時也嘗試讓幼兒自創繪本。

上述的四個步驟是在介紹較短的旋律或樂曲時，可能運用的教學流程。不過，對於較長或較複雜的音樂如「獅王進行曲」，就需要重複第一或第二步驟做更多的分段欣賞與準備，最後才能進入完整的音樂欣賞與戲劇扮演的表現。

▲圖 4-2-11
運用線條呈現音樂旋律的感受

▲圖 4-2-12
運用肢體或戲劇扮演表現音樂想像

第三節　幼兒戲劇扮演發展與教學原則

　　戲劇扮演是幼兒美感領域課程中一項重要的藝術媒介。不同於一般對於幼兒戲劇只有「幼兒／教保人員表演」或「舞臺演出」的印象，幼兒園中的戲劇扮演源自於幼兒遊戲，其內涵與遊戲的本質一樣，著重於幼兒在戲劇扮演活動中，是否能擁有「內在動機、主動地」參與、創造「虛擬」的假扮情境、在「自由彈性」的規則默契下、以動作口語「即興自發」地表達、連結「正面情意」並享受遊戲過程中的樂趣（林玫君，2005）。以下將從發展的觀點，說明幼兒在兩個階段的戲劇扮演特徵，再解釋戲劇基本內涵要素，最後，也會說明戲劇教學的原則及戲劇欣賞的引導。

壹、早期幼兒戲劇扮演之萌芽

　　戲劇扮演源於「幼兒象徵遊戲」，依據 Piaget 的說法，當幼兒能夠使用一個符號或具有抽象代表的能力時，遊戲就會由「知覺感官」的型態轉換成「抽象符號形式」的**象徵性遊戲**。以下將從「物體取代」（object substitution）、「符號抽離實際情境」（decontexualization）、「自我中心轉換」（decentralization）（Monigham-Nourot, Scales, Van Hoorn, & Almy, 1987），來說明早期戲劇遊戲的發展情形（下頁表 4-3-1）。

表 4-3-1 三歲前幼兒戲劇遊戲能力之萌芽

戲劇扮演發展		說明
物體取代	以一件物體取代另一件物體	• 「物體或玩物」提供了嬰幼兒使用動作基模的機會，透過再製、類推、同化等方法，幼兒會使用「玩物」或象徵性動作來模仿或取代物品的意義
符號抽離實境	將抽象的象徵符號從實體情境中分離出來	• 早在嬰兒 12 或 13 個月大時，能運用「象徵性的動作」來代表某個實際並不存在的生活情境，如在非睡眠時間假裝睡覺
自我中心轉換	以自我為中心的活動轉移到他人為中心的活動	• 「角色取代」由「指向自己」的活動開始，15～21 個月之間，開始由自己轉向他人 • 在三、四歲時，常利用洋娃娃或想像中的夥伴來進行對話互動

參考來源：作者自行整理

一、物體取代能力

幼兒對「物體」的轉換比「人物」轉換來得早（Johnson, Christie, & Yawkey, 1999）。當幼兒能用一件物體取代另一件物體時，表示進入**物體取代**的階段。此時，幼兒會使用「玩物」或象徵性動作來模仿或取代物品的意義，例如抱著洋娃娃並模仿哭的聲音；或拿尺在下巴滑來滑去模仿父親拿刮鬍刀刮鬍子，用象徵性的動作來取代真正的刮鬍刀。

二、符號抽離實際情境

早在嬰兒 12 或 13 個月大時，就能運用「象徵性的動作」來代表實際並不存在的意義，例如「在非睡眠時間假裝睡覺」。當他們能從「睡覺」的生活情境（context）中，將時間、地點等基本要素抽離出來，在「非睡眠」的時間和地點，利用簡單的動作和語言表達睡眠的狀態，這類「假裝」的行為，就是**符號抽離實際情境**的意義。

「假裝或象徵性」的動作會隨著年齡而改變。一歲左右的幼兒，單一象徵性動作就已出現（例如假裝喝水）；到了一歲半，幼兒能將單一的動作應用在不同的物品上（例如假裝拿起杯子喝水的動作轉至假裝拿空奶瓶喝水）；而兩歲前後，他們已經能把幾個象徵性的動作連結一起，如假裝拿起水壺，將壺中的水倒入杯中，並拿起杯子假裝喝水（陳淑敏，1999；Bretherton, 1984; Fein, 1981; Rogers & Sawyers, 1988）。

三、自我中心轉換

當幼兒從「自己」用杯子假裝喝東西擴展至讓「媽媽或洋娃娃」喝東西，這就表示他具備了從**自我為活動導向**（self-directed）的角色擴展成以**他人為導向**（other-directed）的能力。Piaget 認為只有當幼兒跳出自己的角色，使「他人」成為主動的行動者時，才可以稱為**象徵遊戲**。通常三歲左右的幼兒，就會以「娃娃或想像中的夥伴」來進行對話互動，如幼兒會操弄娃娃要娃娃假裝吃飯，或操弄玩具車隊假裝賽車（圖 4-3-1）。

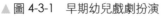
▲圖 4-3-1　早期幼兒戲劇扮演

貳、3～6歲幼兒戲劇扮演之發展

到了三歲後，幼兒戲劇扮演會隨社會能力發展而成熟，除了在「物體、行動情境及角色」轉換能力的增進外，幼兒的「口語溝通、社會互動與持續性」等，都有顯著的增進（Smilansky & Shefatya, 1990）。以下是三歲後的幼兒之「社會戲劇遊戲扮演」的發展情形（第 159 頁表 4-3-2）。

一、物體之轉換

四歲左右的幼兒已具備**物體轉換**的能力，但是大部分幼兒仍偏好以接近「原始實物特質」的「替代物」為主（McCune-Nicolich & Fenson, 1983）。幼兒戲劇扮演是啟動幼兒轉換「物體」的契機，而所提供的玩物或道具，需兼顧「新奇性、複雜性與多樣性」。在玩具或扮演材料的結構性上，可以提供一些「類似的物件」或「可替代性的象徵物」讓幼兒發揮想像進行轉換，但是要避免玩物與實物差異性太大，而無法啟動幼兒的聯想。

二、行動與情境之轉換

當幼兒逐漸成長，生活經驗豐富許多，**行動和情境**的轉換能力就更精進。Wolf 與 Grollman（1982）曾利用**腳本**來代表幼兒對生活主題（如開店）或情景片段（scenes）之瞭解。從發展的角度，幼兒遊戲腳本分為如下三個層次：

（一）基模

在單一事件之下的基本行動單位稱為**基模**（scheme）。通常年紀較小的幼兒會透過身體動作來表達一種或數種「基模」，如把娃娃放在床上。

（二）事件

當兩個或三、四個基模重組在一起，且朝向完成某一件事的目標時，稱為**事件**（event）。如「切菜」加「洗菜」、「炒菜」、「煮飯」、「煮湯」等四種基模都朝向「準備晚餐」的目標。

（三）情節

當兩個或更多的事件連結且朝向同一個目標時，就稱為**情節**（episode）。如「準備晚餐」加上「招待客人」，最後再加上「清理餐桌」、「與客人道別」等四項事件都朝向「家有來客」之情節。

三、角色轉換

三歲左右，幼兒能利用**角色扮演**（role enactments）的方式，轉換成自己以外的人物。這些人物通常是自己熟悉的對象，如爸媽、老師、醫生、店員等，此時的扮演行為已不只是單純的模仿單一動作，而是透過**角色認同**（role-identify）做出合乎角色的一連串行為。例如幼兒扮演媽媽假裝在煮飯，並不只單純模仿煮飯的動作，而是因為他想像「自己」是「媽媽」的角色，所以做出煮飯、照顧嬰兒等連續的行為。由此可見，對自己所扮演的角色愈瞭解，他愈能做出合乎該角色的行為舉止。

角色扮演除了代表對不同角色的認同外，它也代表幼兒對角色的特質、關係及行為模式的瞭解（Garvey, 1979）。Garvey 和 Berndt（1977）將幼兒常扮演的角色分為下列五種：

1. **功能性的角色**：包含一些無名的角色，且透過行動或與「玩物」的關係而引發（如開車動作代表司機、煮飯動作代表煮飯的人等）。
2. **關係性的角色**：包含家庭相關角色（如爸、媽、嬰兒等），或其他相對關係（如主人與寵物等）。
3. **職業性角色**：包含各行各業的角色（如警察、老師、醫生等）。
4. **幻想角色**：包含電視、故事及想像的人物（如小飛俠、大野狼等）。
5. **邊緣角色**：代表幼兒在扮演提過的角色，但並不一定真正出現（如想像的朋友）。如前述，幼兒扮演的角色有 80%為日常生活中接觸的人物，因為這是他們最熟悉的角色經驗。

從發展的觀點分析，角色轉換是由單一角色至同時扮演多位角色（Roger & Sawyer, 1988），而內容是由與自己最密切的家人或生活有關的人物（如醫生、警察等）。幼兒接觸電視卡通、媒體網路或故事後，扮演的對象與主題將會擴張至想像世界的虛構人物（Fein, 1981; Saltz & Johnson, 1974）。通常5～6歲的幼兒對幻想人物或動物（如巫婆、精靈、會說話的動物等），及強壯機械式的聲音與動作（如機器人、汽車、飛機或船鑑等）也相當感興趣（Siks, 1983）。

四、口語溝通

　　三歲左右的幼兒，隨著同儕遊戲的機會增多，同儕的交談也會增加。在三歲半左右，各種型態的語言結構都被使用在幼兒的社會戲劇遊戲中。這些語言又包括：自發性的押韻和單字遊戲、幻想與胡言亂語、交談等（Garvey, 1977）。同時，他們也會利用模仿性的聲音溝通。當幼兒玩車子或動物時，透過模仿，幼兒逐漸運用聲音及語言在自己的遊戲情境中。

　　除了溝通內容的變化，架構也有明顯的進展。Bateson（1955）的後設溝通理論（metacommunication）就是用來描述學齡前幼兒遊戲中溝通情形。依據Bateson的解釋，幼兒在一起玩或獨自玩時，會運用人際之間或個人之內的訊息溝通，以方便進出真實世界與想像世界之間。幼兒常會以「假裝」（pretend）進入想像的世界中。Garvey（1977）也在教室觀察到，幼兒常使用一些溝通的訊息來建立、維持、中止或恢復遊戲的情節。

五、社會互動

到了三歲以後，多數幼兒會從無所事事、單獨或平行的遊戲中進入「聯合或合作」的遊戲（Parten, 1932）。此時幼兒已能自行分配角色，而且角色中呈現互補的情況，如媽媽與孩子，但角色的演出各自獨立沒有明顯的組織互動，如媽媽煮飯，小孩玩遊戲。而隨著經驗的累積，幼兒開始進行整合片段的情節，角色間的互動默契較好，每一個角色的活動都能與其他角色產生關聯，如媽媽要小孩來吃飯、照顧弟妹或乖乖在家等媽媽下班回來。

Sutton-Smith（1979）從遊戲為「表演」的觀點分析，認為幼兒遊戲時牽涉到四組角色的互動：「遊戲者與同伴、導演、製作者和觀眾」。這四組角色反映了遊戲是一個多重因子的階段性事件。就如進行一齣正式的戲劇，在遊戲中，幼兒有時會以**導演**的身分指導計畫遊戲的進行，有時也以**製作者**的身分安排場景製作道具，大多的時候，他們仍是以**玩者**的身分扮演其中的角色，為真實（玩伴間）或想像的**觀眾**，呈現戲劇的內容。在遊戲中，幼兒能從不同的身分與角度來運作互動，為了讓好戲繼續上演，幼兒會不斷變化自己社會的角色來與人互動。

六、持續性

由於幼兒對於時間前後的關係、事情發生的順序及社會合作能力相當有限，其戲劇遊戲也常顯得沒頭沒尾、缺乏組織。由於戲劇遊戲的情節或規則，隨時會因參與者的改變而改變，因此，戲劇扮演的時間通常不是很長。隨著經驗累積，或教保人員及同儕的鷹架，扮演的時間則能持續較久。

表 4-3-2 三歲後幼兒社會戲劇扮演能力之發展

社會戲劇扮演內容		說明
物體轉換	利用任何玩具、材料或動作口語的描述來代替真實的物體	• 四歲左右的幼兒都已具備物體轉換的能力，而引起「物體」轉換的動機，常是因為行動與情節發展的需要
行動情境	利用口語的描述來代替真實的行動與情境	• 早期的轉換，幼兒需要透過實物與實境的提示，較容易進行轉換；後期幼兒不需過度依賴實物與實境就能進行 • 遊戲腳本結構由簡而繁，分為「基模」、「事件」與「情節」三個層次
角色轉換	用口語及模仿性的行動來表達假裝的角色	• 角色轉換是由單一角色至同時扮演多位角色 • 內容從「與自己家庭」有關的角色，如母子、姊妹等，到「社區生活環境」的人物如醫生、員警等，有時也包含「卡通、繪本中的幻想人物」
口語溝通	與戲劇情境相關的交談或對話	• 三歲幼兒，同儕的交談機會增加。三歲半左右，各種型態的語言結構都出現在戲劇扮演中，包括自發性的押韻和單字遊戲、幻想與胡言亂語、交談等 • 會利用模仿性的聲音溝通，如假裝做出車子的聲音表示車子經過
社會互動	至少兩個人在一段戲劇的情境中互動	• 年紀較小的，能自行分配角色而且角色中呈現互補的情況，但角色的演出各自獨立沒有明顯的組織互動 • 年紀較大的，對自己的社會戲劇遊戲有比較多的控制與整合，角色與角色間的互動默契較好，每一個角色的活動都能與其他角色產生關連
持續性	持續地扮演角色或進行戲劇主題長達至少十分鐘	• 年紀較小的幼兒其能持續互動扮演的時間較短，年紀較長的幼兒其扮演的時間則能持續較久

資料來源：整理自林玫君（2005）

參、戲劇扮演之內涵

　　幼兒需要發展一些豐富的語彙來談論自己對戲劇創作扮演的想法。一些戲劇的基本內涵包含：角色／人物、情節／故事、音樂／視覺效果、語言／口語溝通、衝突／張力和戲劇主題等（第 163 頁圖 4-3-2、圖 4-3-3）。

一、角色／人物

　　一齣戲需要依賴「角色」來推動其情節的發展。劇中**角色／人物**主要有兩類：「主角」和「反角」。**主角**通常具有特殊的氣質、個性、毅力及勇氣；在遇到挫折困難時，往往能坦然而且勇於解決，而隨著其行動，主要劇情也得以順利推展。**反角**扮演與主角對立的角色，由於其能力或意志力與主角相當，因此能產生足夠的抗衡力量，不斷地阻礙主角達成目標或離開困境。這類角色常令人氣得牙癢癢，甚至恨之入骨。

　　一個成功的角色，往往不只是具備好或壞的單一特質而已，通常還需具備「特殊性」和「衝突性」。**特殊性**是指平凡的人但具備特殊的地方或不足為外人道的問題；另一種是特殊的人但卻有其平凡的一面及個人的問題。**衝突性**是指，主角通常會安排在劇情衝突的局面中，才能凸顯戲劇的本質，當一個「普通平凡的人」發生內在或外在的衝突時，他的生活和行為就會「不平凡」了。

　　對幼兒而言，主角常是他們心中認定的英雄人物，就是所謂的好人；而**反角**就是所謂的壞人，非得其被好人打敗，觀眾心裡才得以釋懷滿足。無論好人、壞人，這是幼兒用來區辨是非善惡的簡單方法。從幼兒扮演遊戲的角色來分析，多半是家人或社區生活中的人物，如媽媽、小孩、醫生、病人、老闆、客人等。而當他們進行幻想遊戲時，其角色就相當多樣，好人壞人的關係就很明顯，如巫婆抓小孩、蜘蛛人打壞人、怪物追小動物等。若是教保人員主導的戲劇活動，也必須留意幼兒的舊經驗、興趣與情緒，例如許多幼

兒較能認同故事中正面角色的行為，而對巫婆、壞人等角色較不認同，甚至較小年紀的幼兒會害怕一些神怪的角色。因此，在扮演中進行選角時，要特別留意幼兒個人對角色的「偏好」。

二、情節／故事

　　情節是一齣戲劇所要表現的事情經過情形，它是一整部戲的中心**軀幹**，也是一齣戲的**故事**發展變化之情況。「情節」包含：**故事的開始**，藉此呈現主要的人物、時間、地點及事件；接著是**故事的中段**，主要是經由一連串阻擾主角達到目標的「衝突、危機」而引發連續的反彈事件，經歷「懸疑」的劇情，引人猜疑及掛念，再讓戲劇步入「高潮」；最後，對**故事的結局**，運用「懸疑、驚奇」手法，讓人有出人意料之外的結果，讓觀眾覺得除此之外，別無其他更令人「滿意的結果」。

　　在情節的安排上，有些就直接依「時間發生、事件因果」之順序發展；有些則採「倒敘法」，把事情之因果或時間順序顛倒，故意製造懸疑，以達到某些特別之戲劇效果。

　　在平時可以多觀察幼兒自發性戲劇遊戲，瞭解其**腳本**的內容，留意其「開始、中間、或結束」的訊息，再看看如何可以透過「情境內」的參與或「情境外」的引導，讓幼兒延伸其想像，增進故事腳本的複雜度。

三、音樂／視覺效果

　　一部戲的視聽覺效果，是帶觀眾走入戲劇想像世界的關鍵，藉由它們所烘托出的氣氛，更能幫助參與者「相信所看到或聽到的真實性」（believe in make-believe）。透過臺上的**布幕背景及道具擺設**，戲劇的地點及背景得以建立；透過**服裝和化妝之造型**，劇中人物之特色更加鮮明；而透過**燈光及音效**之陪襯，整個戲劇氣氛越發烘托得淋漓盡致，這些都是美感領域藝術媒介的綜合展現。

四、語言／口語溝通

語言是劇中人物用來表達自己的想法與感情的工具，可以幫助發展人物、劇情、主題及氣氛，其中包含「對白、獨語及旁白」等。一部戲劇中之口語對白，包含了「語言」及「非語言」的部分，當觀眾看戲時，他們不僅只是去聽演員說什麼話，同時也在「看」著演員們如何透過「動作、神態／表情與手勢」把想講的話表達得更傳神入戲。

在自發性扮演遊戲中，口語溝通的形式包含：角色間的「對話溝通」（dialogue）和跳出戲劇情境的「後設溝通」。**對話溝通**是指兩位或兩位以上角色之間的談話內容。這些對話多來自於參與者的即席反應，可以運用故事中的聲音表現、口語對話等方式來鼓勵幼兒在戲劇中應用「語言或非語言」的形式進行溝通。**後設溝通**是指對戲劇的默契與規則之改變與建立而進行的溝通。根據 Giffin（1984）的研究，幼兒會以言外之意、邊說邊做、故事敘述、提示、隱含式的提議及外顯的提議等六種方式，來進行後設溝通。因此，可以在戲劇中觀察幼兒常用的後設溝通技巧，並以同樣的方式來參與幼兒戲劇中的討論與扮演，如此更能在自然的情境中，發展更豐富的戲劇內容。

五、衝突／張力

戲劇之**衝突／張力**可由下列三種原因構成：一是**人與「人」衝突**：由於對立的角色與主角之意見相反，造成爭執、敵對、陰謀或傷害等種種衝突現象。二是**人與「外在」環境之衝突**：由天文、動物、鬼神或其他外力外物所造成之阻礙，這也能構成主角達成目標時相當大的威脅與危機。三是**人與「自己之內心」衝突**：常是因為主角本身個性上的缺憾，或是自己內心的矛盾而造成的，這種衝突是最複雜且最不容易解決的一種。由於主角之處境左右為難、無法選擇，從一開始便無法解決，而最後仍然不能解決，造成劇情的過程難分難解，而劇中的人物也令人同情、遺憾。

雖然衝突／張力的概念有些複雜，但隨著幼兒討論經驗的累積，在對情節發展的基本有所瞭解後，也不妨嘗試和幼兒一起討論衝突的起因和戲劇張力的來源，以下是可能引導的內容：

　　小猴子為什麼要逃走？他和誰起了衝突？（人與人）

　　當大熊醒過來後會發現森林怎麼了？（人與環境）

　　小兔子很喜歡媽媽，但是為什麼一直要當逃家小兔？（人與自己）

六、戲劇主題

　　戲劇主題是一齣戲的「中心思想」，通常能被推及或應用在其他的生活情境中。主題之涵蓋範圍可大可小，可能是通行於一般人生活之想法，也可能是反映某些特殊人物之特別思想。一部戲的主題通常只有一個，而且它必須透過劇中人物之行動及整個劇情之推演才能被具體的呈現出來。

▲ 圖 4-3-2　教師指導幼兒戲劇扮演

▲ 圖 4-3-3　幼兒展現戲劇扮演內涵

肆、幼兒戲劇扮演之教學原則

一、觀察幼兒平日生活，以瞭解引發扮演的動機和主題

要決定扮演主題時，最需要的就是在平日生活中觀察幼兒遊戲的行為。扮演本來就是幼兒的天性，而若要觸發其扮演動機，以發揮**內在現實**與**內在控制**的遊戲本質，就是要瞭解幼兒的生活經驗及其感興趣的事。

幼兒若有自我內在的心理需要，如「長大、承擔主動角色、害怕」等，就會扮演大人、好朋友、蜘蛛人或大怪物等。另外，幼兒也會因為對外在動物、植物或自然的興趣，或照顧、分享和過節慶等社會關係，幼兒就自然會產生「照顧寵物、吃晚餐、自私的巨人」等戲劇主題的扮演（圖 4-3-4、圖 4-3-5）。

在成人引導的戲劇活動中，也可以選擇符合幼兒內在需求或有興趣的主題。例如在遊戲場中觀察到幼兒對毛毛蟲感興趣，就可以毛毛蟲為主題，在教室中帶領「毛毛蟲長大」的戲劇活動。

 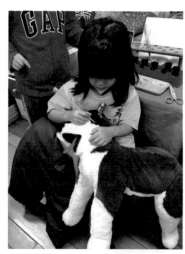

▲ 圖 4-3-4　寵物美容，乾燥毛髮　　▲ 圖 4-3-5　寵物美容，清理耳朵

二、布置戲劇情境，以裝扮、道具吸引幼兒進入

除了經驗與興趣外，也可在學習區或幼兒園的角落，布置戲劇情境並提供相關的裝扮、道具以引發幼兒想像扮演。教保人員可提供**象徵性的衣物**，如圍裙代表媽媽、公事包代表爸爸、聽診器代表醫生、安全帽代表水電工等人員。另外，相關**主題的道具配備**：家庭主題中「餐廳廚房」會有桌椅、鍋碗、廚具、電話、電視；房間會有床鋪、鏡子、衣架、化妝用品等；「醫生診所」會有掛號處、護士帽子、椅子、雜誌等；「看診間」可能有醫生裝扮、看診用品、病床或一些道具娃娃等（圖 4-3-6、圖 4-3-7）。

▲ 圖 4-3-6　寵物餐廳的情境與裝扮道具

▲ 圖 4-3-7　診所的情境布置與服裝道具

一些**中性素材或設備**能引發幼兒更多的想像，如布料、紙盒。也可鼓勵幼兒彈性運用工作區或積木區的材料，如單位積木、雪花片、紙片做成鈔票、標誌等；語文區的偶臺，也可轉換成為購票口、掛號處、結帳區。只要經常觀察幼兒的扮演並引導討論可能需要或延伸的內容，再依需要補充或替換，就能提高其參與的興致。

從發展的角度考慮，對於**年紀較小或經驗較少**的幼兒，提供與實物較接近的道具，有時，也可利用頭套或面具來增加其對角色與故事情境的認同。而對**年紀較長或經驗較豐富者**，可提供多元且可變化的材料，如不同的紙箱、袋子、布料、絲巾、帽子、繩子等，並進一步鼓勵幼兒自行連結組合，發揮更大的創意變化（圖 4-3-8、圖 4-3-9）。

▲圖 4-3-8　運用實物道具強化扮演

▲圖 4-3-9　提供多元可變材料發揮想像創意

三、維持想像的扮演情境

在自發性的戲劇遊戲中，幼兒通常沒有確切的企圖去維持假裝的情境，全憑玩者的興趣與想像。因此，他們所建立的假裝情境非常地不明確也容易改變，一會兒是醫生的主題，一會兒可能變成 call out 給朋友的遊戲；才不一會兒，隨著一位幼兒追逐或玩鬧行為，一場家庭劇很快就演變成警匪槍戰，有時甚至因為過於興奮而無法掌握「假裝」的情境，最後以一場爭吵而結束扮演。

除觀察和補充道具材料外，教保人員更需要**運用鷹架技巧**增加戲劇挑戰、排開相關問題，讓幼兒能「維持」在戲劇情境中。建議可以透過「情境外」或「情境內」的溝通來維持或延伸扮演。**情境外**的溝通是指以「局外人」身分，運用問話、引導想像和旁白等技巧，對扮演的情節、人物或問題，進行計畫、回顧和處理。**情境內**的溝通，是以「劇中人物」的方式入戲參與扮演，並藉機提高戲劇張力、鼓勵角色互動或處理相關問題（圖 4-3-10）。

▲圖 4-3-10　教師入戲維持戲劇扮演情境

四、增加幼兒接觸各種人、事、物的生活體驗

幼兒自發性的角色扮演，是由與自己親身經驗有關的家庭關係（如母子、父女、家族等），至與周遭生活環境有關的社區生活（如醫生、老闆、警察等）（圖4-3-11、圖4-3-12）。另外，平日常接觸故事繪本、電視卡通、電影漫畫或電腦遊戲中熱門人物的幼兒，其在幼兒園中的扮演對象與主題就會與這些幻想虛構的人物有關。通常5～6歲的兒童對幻想人物或動物（如巫婆、精靈、會說話的動物）及強壯機械式的聲音與動作（如機器人或汽車、飛機等）都相當感興趣。

無論是哪種類型的扮演人物或故事情節，重要的是，需要針對幼兒感興趣的部分增加更多的體驗或瞭解，其扮演的內容才不至於因為缺乏內涵或挑戰性，導致扮演內容反覆、缺乏新的想法，沒多久就中斷停止，而無法進一步享受創作的樂趣和益處。平日可以針對幼兒扮演的主題，以戶外教學、社區人物來訪，或對故事卡通中人物、情節或道具等戲劇賞析的討論，來增進幼兒對扮演內容與想法的想像與瞭解。

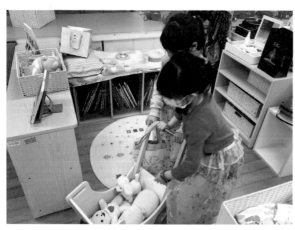

▲ 圖 4-3-11　姐姐帶寵物出門散步

▲ 圖 4-3-12　醫生進行急救

五、營造幼兒自我表現與社會互動的氣氛

戲劇扮演遊戲對幼兒的意義是過程中的互動而非活動後的目的。由於沒有明顯的目標，幼兒可以盡情的遊玩探索，對情節發展保有主控權，只要在玩者的「默契」下，想怎麼玩、要玩多久都沒有關係。同理，在成人引導的**創造性戲劇**中，幼兒也需要對於整個戲劇的發展，保有一定程度的自主控制，即使重複扮演，其目的都是為了發展更多的創意與想像，而非強化演技或在觀眾前的表演成果。因此，在準備或引導戲劇相關活動時，最好能拋開限制，在無時間壓力及表演目的下，讓幼兒有充分的時間去嘗試、替換、創造及發展不同的戲劇片段。

戲劇扮演常需要團體合作，無論在「教保人員與幼兒」或「幼兒之間」都需要建立互信互助的氣氛，方法如適當真誠的鼓勵幼兒；接受及反映幼兒之情感與想法；表達教保人員自己的感覺；接受創意的限制及模仿的行為；接受教保人員自己的錯誤。待團體或小組的合作默契建立後，教保人員就可以鼓勵兩人或小組互動的方式進行戲劇扮演（圖 4-3-13）。

▲圖 4-3-13　進行小組、團體戲劇扮演遊戲

六、同時擔任「遊戲者」、「創作者」和「觀眾」之角色

Siks（1983）曾提出幼兒在戲劇中的三種角色，包含遊戲者（player）、創作者（play-maker）和觀眾（audience）。在平日扮演的過程中，可以留意幼兒在其中常擔任哪些不同的角色，一方面瞭解幼兒戲劇扮演中的關係，二方面也可以找機會讓幼兒體驗不同的戲劇身分。開始時通常都以**遊戲者**的角色，幼兒會無意識地玩耍著，嘗試透過肢體、聲音及人物道具等，表現生活或幻想的經驗。進一步地，除了玩在其中外（play what），也開始想該如何玩（play how）。漸漸地，他們的身分就由玩者轉為**創作者**（play-maker），不但對扮演主題更瞭解，且有意識地進行各種角色的互動，運用多元的媒材，創造不同的戲劇情境，進行更複雜的戲劇扮演（圖 4-3-14）。此外，在戲劇活動後，教保人員可以引導幼兒輪流分享彼此的想法與創意，以**觀眾**的身分，分析及反省彼此共同經歷的戲劇經驗。

▲圖 4-3-14　戲劇遊戲與創作展演者

七、卡通或影片欣賞後，使用簡單的戲劇語彙討論想法

平日在幼兒園或家中，最常觀看的就是卡通影片或電腦遊戲，然而成人通常只把它們當成插電的保母，卻少有時間和幼兒一起欣賞或進行討論。其實，這些都是引導幼兒對戲劇扮演的內涵，進行賞析的最佳媒材和機會。在開始的時候，可以鼓勵幼兒以自己的語言加上一些形容詞，來談論自己的喜好，並描述他們對於劇情、人物個性、造型或配樂等簡單的戲劇元素的看法。

伍、幼兒戲劇欣賞之教學原則

美感領域中相當重要的部分是在培養幼兒**回應與賞析**的能力。幼兒習慣於發表並回應個人的喜好或看法時，其對戲劇的各種表現形式就越發敏銳，逐漸養成自己對美的欣賞直覺及偏好。

一、從幼兒熟悉的扮演遊戲切入

戲劇欣賞的最佳選擇，就是幼兒自己的「戲劇扮演遊戲」，因為它們和幼兒的生活經驗息息相關，也是幼兒美感經驗中與感官情緒有關的源頭。雖然發生的頻率不定，內容也不長，但是只要仔細觀察就可以發現其內容已經具備戲劇欣賞的內涵，包含人物、情節及道具場景的想像轉換。

因此，最好的戲劇欣賞與討論機會，就是在學習區後的分享，可以邀請扮演區的幼兒，分享他們剛剛扮演的**角色和事件（情節）**，也延伸討論其**動手做的道具**或**所搭建的場景**等。在平日，也不妨多留意一些不經意的戲劇扮演，引導幼兒說說其中的「角色、故事或道具使用」等，幼兒會在自然的狀態下，樂意分享他們的想法與感受。

二、運用簡短的戲劇情節，討論個人最喜愛的部分

在欣賞任何的演出或戲劇展現後（含卡通或短片），可以引導幼兒先針對自己最喜愛或覺得最有印象的部分進行討論（圖 4-3-15）。尤其是戲劇中的**主要人物、感人的故事片段或熟悉的主題音樂**，這些都是最容易討論的話題。例如「你最喜歡哪裡？還記得他先去了哪裡？」、「還記得劇中的哪些角色？哪個最有趣？哪個最恐怖？記得……嗎？」、「有沒有聽到熟悉的音樂？」、「看到那裡，有沒有讓你想起什麼人？地方？事情？」

每次討論需有一定聚焦的內容，且時間不宜過長。若影片劇情太長無法一次看完，就需要分段播放欣賞。另外，也可以選擇較短的影片或戲劇節目，如改編自繪本的〈視聽童話之旅〉，在短短時間內，就包含完整的故事、鮮明的人物，甚至特殊的音樂背景等，很適合用來進行戲劇欣賞的來源。

▲圖 4-3-15　欣賞影片後，討論個人喜愛的部分

三、從戲劇的內涵進行提問，鼓勵幼兒回應自己的想法

就如前面的分析，戲劇的內涵不外乎「人物角色」、「故事情節」或「特殊效果」。在任何的戲劇扮演或欣賞之後，可用發問的方式進行引導這三個方面的討論。

在**人物角色**方面，可以詢問角色的聲音裝扮或個性行動：「那個巫婆臉上有什麼特別？聲音呢？看起來覺得怎麼樣？她做了什麼事？你覺得呢？」。

在**故事情節**方面，可以詢問：「開始？後來發生什麼事？最後呢？你喜歡最後的結局嗎？」當幼兒逐漸習慣於這些基本概念時，可以加入更深入的討論，如「好人和壞人的衝突」、「很懸疑的氣氛令人緊張」、「兩邊陣營互相對立」、「劇中的高潮」、「開放性的結局」等。

在**特殊效果**部分，主要是**視覺**上的**裝扮**、**道具場景**或**音樂主題**所帶給人的感覺，例如「每次獅子出現時，有沒有聽到什麼特別的音樂？你感覺如何？」、「其他的動物呢？」、「你們怎麼知道那裡是王子的家？」、「動物是誰演的？還是真的動物？有什麼特別的裝扮？」。

四、討論幼兒對戲劇主題的想法，但要避免教條式的道德灌輸

許多的戲劇故事都是以道德主題發展劇情，如勇敢、誠實等。在幼兒欣賞後，可以引導幼兒談談對於劇中某個人物或行動的想法。如〈青蛙王子〉的主題可能是關於「信守諾言」，可以問問幼兒對「公主在拿回金球後，沒有遵守對青蛙的承諾」的想法。不過，要避免一些不經思考的教條式道德灌輸法，如戲劇結束時提醒幼兒：「小朋友，你們以後不可以撒謊，否則就會和小木偶一樣鼻子變長喔！」這樣未經過討論的說法，並沒有太大的意義。

五、善用各種類型的戲劇表演資源

在幼兒園中，除了幼兒自己的扮演遊戲，教保人員也可以常常提供不同的戲劇欣賞機會（圖 4-3-16）。例如，教保人員引導的創造性戲劇活動，或以繪本進行的故事戲劇扮演，以及演給幼兒看的生活劇或配合節日的戲劇表演，這些都是最佳的欣賞教材。此外，也可蒐集各種表演藝術活動訊息，例如大學戲劇系、幼保／幼教系學生的戲劇公演、專業的兒童劇團宣傳節目、教育局的藝文團體巡迴校園計畫（圖 4-3-17）。而地方藝術季邀請的國內外團體、在地社區的劇團表演，甚至在博物館、文學館配合展覽主題或作品而呈現的戲劇活動，這些都是來自各方的教學資源。

▲圖 4-3-16　邀請家長來園欣賞戲劇活動

▲圖 4-3-17　邀請兒童戲劇教育工作室為幼兒進行公演

六、戲劇賞析的引導示例

（一）戲劇賞析的基本引導

在進行戲劇引導時，要留意幼兒的年紀和經驗，如果幼兒是剛開始接觸戲劇，就以描述個人的喜好或體驗的特色為主；之後更進一步地，就需要針對戲劇本身的藝術內涵進行討論。例如對於比較沒有經驗的中、小班的幼兒，只要能引起他們觀賞的興趣，並對其個別喜歡的部分，進行簡單的描述即可。以下是作者進行美感領域課綱實驗時，所提供的戲劇賞析實例（林玫君，2010）。題材為「聖誕小鼓手」第四段「勇渡隨波河」（臺灣彩虹愛家生命教育協會出品）和迪士尼影片《幻想曲 2000》中的第七首「艾爾加：威風凜凜進行曲」。以下是針對三、四歲幼兒的引導內容。

例一 看完「聖誕小鼓手」第四段「勇渡隨波河」之師生討論

教保人員：剛剛的影片中，**最喜歡的部分**是什麼？

幼　　兒：水裡的寶石。

教保人員：剛剛的影片中，你**有沒有看到什麼特別的**？

幼　　兒：水裡的妖精在跳舞和唱歌。

教保人員：小羊表演得如何？你的**感覺怎麼樣**？你**會說什麼**？

幼　　兒：他看起來很害怕（隨後親自示範臉部表情），我會跟他們說，不可以過來，我不會撿石頭的。

例二 看完影片「艾爾加：威風凜凜進行曲」之師生討論

教保人員：剛剛的影片中，你**覺得怎麼樣**？

幼　　兒：好好看喔！下次再看一次，好不好？

教保人員：剛剛的影片中，你**有沒有看到什麼特別的**？

幼　　兒：鴿子飛出去找陸地、唐老鴨都一直找不到他女朋友。

教保人員：**為什麼**唐老鴨都一直找不到他女朋友？

幼　　兒：因為他都剛好沒有看到他女朋友、因為他以為他的女朋友沒上船、不見了……。

（二）戲劇賞析的藝術內涵及特色之引導

　　在幼兒有了初步的欣賞經驗後，需進一步針對戲劇特色進行賞析引導。以下將從「人物特色」、「故事情節」和「特殊效果」等三個戲劇內涵特色，針對不同年齡的幼兒，舉例說明如何進行引導。

1.人物特色

　　小班：指出劇中出現的人物或角色。

　　中班：說出劇中人物的特色。

　　大班：描述並分析劇中人物特殊的動作及言語所代表的個性和行為。

例一　看完「聖誕小鼓手」第四段「勇渡隨波河」之師生討論

教保人員：剛才影片中出現哪些角色？

幼　　兒：小羊、大熊、貓頭鷹、河流和裡面的妖精。

教保人員：小羊在影片中是一個怎麼樣的孩子？

幼　　兒：很膽小的孩子，因為沒有人要照顧他、很善良的孩子，因為想要撿美麗的石頭送給別人。

教保人員：你覺得小羊的動作和大熊有什麼不同？

幼　　兒：小羊走路都很小步，頭都低低的，看起來有點可憐，大熊帶著風笛，走路看起來很有精神。

例二　看完影片「艾爾加：威風凜凜進行曲」之師生討論

教保人員：剛才影片中出現哪些角色？

幼　　兒：唐老鴨、挪亞、獅子、蛇……。

教保人員：你覺得這個唐老鴨和其他動物在影片裡有什麼不一樣？

幼　　兒：他很辛苦，因為他要幫忙做很多事，別的動物都不用、他很可憐，因為他常常被壓扁。

2.故事情節

　　小班：簡單描述故事或情節的內容。

　　中班：描述故事或情節發展的**片段過程**。

　　大班：描述故事或情節的**精彩處**，並進一步說明**原因**。

　　例一　**看完「聖誕小鼓手」第四段「勇渡隨波河」之師生討論**

　　教保人員：剛剛的影片中發生什麼事？

　　幼　　兒：小羊要過隨波河（依幼兒的回答，教保人員可以針對情節的
　　　　　　　細部提問）。

　　教保人員：然後呢？又發生什麼特別的事情？

　　幼　　兒：河流裡面的妖精叫他撿石頭，小羊掉到河裡頭去了。
　　　　　　　大熊和貓頭鷹來救他、小羊把手中的寶石放掉。

　　教保人員：小羊有沒有拿寶石？他為什麼想要拿寶石？

　　幼　　兒：有，他以為拿了寶石大家就會喜歡他。

　　教保人員：小羊怎麼從河妖的手中逃走？為什麼放掉寶石就可逃走？

　　幼　　兒：因為寶石不是他的東西、因為大熊叫他放掉寶石、因為不需
　　　　　　　要寶石，大家也會很愛他。

　　例二　**看完影片「艾爾加：威風凜凜進行曲」之師生討論**

　　教保人員：剛才影片中在演什麼？

　　幼　　兒：很多動物因為下大雨而坐船到一個地方的故事。

　　教保人員：唐老鴨拿一張紙打勾勾要做什麼呢？

　　幼　　兒：看看有哪些動物已經到船上了，有的話就打勾、他打勾的時
　　　　　　　候發現他的女朋友沒有上船。

　　教保人員：唐老鴨發現他的女朋友沒有上船，感覺怎麼樣？為什麼要住
　　　　　　　在船上呢？

　　幼　　兒：他覺得很傷心，因為船上只有他自己、沒有別的鴨子了、因
　　　　　　　為下大雨，所以要住在船上、要坐船去找陸地。

3.特殊效果

小班：注意到視覺或聽覺等戲劇特殊效果。

中班：能仔細描述所觀察到的視覺或聽覺等戲劇特殊效果。

大班：能描述並簡單解釋戲劇中視覺或聽覺效果的意義。

例一　看完「聖誕小鼓手」第四段「勇渡隨波河」之師生討論

教保人員：河裡面有什麼東西呢？

幼　　兒：有閃亮的石頭、水裡的妖精。

教保人員：妖精長什麼樣子？身上、臉上有什麼特別的裝飾？

幼　　兒：他們的手上帶著大顆又閃亮的寶石，腰上綁著許多錢幣。

教保人員：為什麼想要把她（河妖）打扮成這個樣子？為什麼是選藍色
　　　　　的布？

幼　　兒：這樣才能夠引誘小羊來拿河裡的寶石、藍色的河水在流動。

例二　看完影片「艾爾加：威風凜凜進行曲」之師生討論

教保人員：剛才在影片的最後，有很多動物要下船，你看到或是聽到了
　　　　　什麼？

幼　　兒：獅子下船的時候，看起來很神氣，我還聽到了音樂。

教保人員：為什麼獅子看起來很神氣？

幼　　兒：因為他們抬起頭，走路慢慢的，看起來很威風的樣子。
　　　　　因為音樂聽起來很有精神、很大聲。

教保人員：你覺得這艘船和平常看的船有什麼不同的地方？為什麼唐老
　　　　　鴨要一直看項鍊呢？

幼　　兒：船很大，可以有很多動物在船上吃東西和生寶寶。
　　　　　因為裡面有他女朋友的照片，他很想要和他女朋友在一起。

美感領域之課程
內涵與學習指標

在幼兒園教保活動課程大綱中，美感領域之課程內涵由「探索與覺察」、「表現與創作」及「回應與賞析」三項基本能力，及「情意」和「藝術媒介」兩個面向組合而成（林玫君，2008，2010）。而經過全國性的實徵研究，在課程目標之下又敘寫成 2～6 歲幼兒之學習指標。

為了協助教保人員對於美感領域中的「學習指標」有進一步的認識，本章將援引教育部《幼兒園教保活動課程暫行大綱》部分內容（2013），在第一節重述美感的課程目標、課程內涵與學習指標；第二節再以文字、實例、表格和圖片，說明個別學習指標之意涵，希望藉此讓教保人員更能掌握對不同年齡層幼兒美感課程之設計與引導。

第一節　美感領域之課程目標與內涵

 ### 壹、美感領域之目標

　　美感指的是由個體內心深處主動建構的一種感知美好事物的體驗。這種「感知美」的能力，是透過個體經由各種感官知覺來接收外界的各種訊息或刺激，與思維或想像產生連結，繼而引發內在心靈的觸動，所湧現的一種幸福、歡欣、愉悅的感覺（Jalongo & Stamp, 1997）。

　　這種能主動感知事物的美及豐富愉悅的美感經驗，將會激發幼兒以正向的情意回應其向外的探索，並且產生與生活周遭環境相連結的情感，進而形成對生活環境的關懷及社會文化的認同。美感領域即在陶養幼兒對生活周遭環境事物的敏感，喚起其豐富的想像與創作潛能，形成個人的美感偏好與素養（教育部，2013）。因此，美感教育就是在延伸幼兒與生俱有的潛能，希望透過不斷累積的美感體驗，達到下列的目標：

1. 喜歡探索事物的美。
2. 享受美感經驗與藝術創作。
3. 展現豐富的想像力。
4. 回應對藝術創作的感受與喜好。

貳、美感領域之課程內涵

一、課程內涵縱軸：三大能力

美感領域課程內涵的縱軸是以「探索與覺察」、「表現與創作」和「回應與賞析」三大能力組合而成。

（一）探索與覺察

在日常生活中幼兒常有機會接觸自然環境，如花、草、蟲和魚等各類動植物；或各種自然現象，如下雨或彩虹；也會接觸人文環境，如日常生活用品、裝置擺設或建築雕塑等各類事物。美感能力的首要基礎，就是培養幼兒敏銳的知覺能力，探索生活周遭事物的美，並體會覺察其間的奧妙。

（二）表現與創作

幼兒本來就常會以隨手可得的素材，如紙張、衣架、積木、樹葉等；或透過自己的聲音口語及肢體行動，連結想像進行各種創意表現。美感能力的基礎之二，就是讓幼兒持續發展這項本能，以多元的媒介表現個人獨特的想法並享受創作的樂趣。

（三）回應與賞析

幼兒平日就會接觸並欣賞各類藝術創作展現活動，年紀較小的幼兒可能會直覺性的以拍手、微笑及身體前後搖擺等動作來回應；而年紀較大的幼兒則會以口說、不同的創意方式來回應自己的想法。美感的第三項基礎，就是來自於幼兒平日對各種創作的欣賞而產生的感受與回應能力。

二、課程內涵橫軸：學習面向

從美感領域的學習面向分析，其包含「情意」和「藝術媒介」兩部分。

（一）情意

情意是指希望幼兒在不同的美感經驗中，能連結正面的情意與產生愉悅的感受，以及樂於從事美感有關的活動。換言之，在從事與美感有關的活動時，著重於讓幼兒享受過程中的樂趣。

（二）藝術媒介

藝術媒介包括在探索與覺察的過程中，所運用到的視覺、聽覺、味覺、嗅覺及觸覺等各種感官知覺，以及在進行「創作表現」或「回應欣賞」時，常用的「視覺藝術、聽覺音樂及戲劇扮演」等多元的表現與回應的媒介。雖然這三類是主要的表現媒介，但是美感的活動不僅只限於如此，應該還包含各類感官覺察與表現的綜合媒介。

參、美感領域之課程目標

一、雙向細目表

美感領域的課程目標之形成，就是綜合三項領域能力與「情意」、「藝術媒介」兩個學習面向併成雙向細目表。再以其縱軸橫軸對應關係產出六項課程目標如下頁表 5-1-1。

表 5-1-1 美感領域的六項課程目標

	情意	藝術媒介
探索與覺察	美-1-1 體驗生活環境中愉悅的美感經驗	美-1-2 運用五官感受生活環境中各種形式的美
表現與創作	美-2-1 發揮想像並進行個人獨特的創作	美-2-2 運用各種形式的藝術媒介進行創作
回應與賞析	美-3-1 樂於接觸多元的藝術創作，回應個人的感受	美-3-2 欣賞藝術創作或展演活動，回應個人的看法

註：「美-1-1」等標號之意涵說明請見第 183-185 頁

二、課程目標內涵說明

目標 1-1 及 1-2 是**探索與覺察**能力，1-1 強調「情意」的面向，也就是幼兒要學習探索覺察生活環境中事物的美，並對其產生好奇與感動。1-2 主要連結到「藝術媒介」的面向，尤其是以感官知覺的管道為主，希望幼兒能運用各種感官探索生活環境中的自然物、人造物、聲音或節奏等各種美感經驗，同時能覺察其中的變化。

目標 2-1 與 2-2 強調「生產性」的美感經驗，也就是**表現與創作**能力的培養。其中 2-1 仍舊連結情意的面向，希望幼兒在參與各種藝術活動中，能夠發揮想像並享受自我表現與創作的樂趣。2-2 則具體地指向各種藝術媒介的學習，包含視覺藝術、聽覺藝術及戲劇扮演。

目標 3-1 和 3-2 重視「回應性」的美感經驗，也就是**回應與賞析**能力的培養，3-1 仍以情意面向為主，希望幼兒樂於欣賞各種藝術創作與參與在地藝文活動，累積愉悅的美感經驗。3-2 連結到各種藝術媒介的賞析面向，希望鼓勵幼兒表達自己對於各種藝術創作的感受，並逐步形成個人美感偏好與判斷。

🌹 肆、美感領域學習指標圖表說明

一、標號說明

　　美感領域在各課程目標下，依 2～3 歲、3～4 歲、4～5 歲及 5～6 歲的年齡層標明幼兒在不同學習面向中需要學習的指標（請見第 186 頁表 5-1-2）。在 3～6 歲的部分，筆者及研究小組主要依據全國 1,330 位幼兒美感行為之實徵研究資料，將 70% 以上幼兒能夠做到的能力轉化呈現於「美感指標」中；同時在 2～3 歲的部分，主要依據專家研究和現場觀察資料整理之（林玫君，2010）。此外，本研究小組在 2009 年 1 月到 6 月的後續研究中，又進入三間幼兒園現場觀察，針對大、中、小班相關資料做蒐集以做為再次修訂指標之依據（林玫君，2010）。

　　美感領域之學習指標中，教保人員或教師泛指幼兒園中的「教保服務人員」，而所描述之內容分別代表三歲、四歲、五歲與六歲幼兒之能力。指標表格中「空白處」是該年齡階段幼兒能力不及者；而「箭頭」表示所涵蓋之年齡層發展相同，無層次之別。基於幼兒在發展上的個別差異，若有班上發展較成熟或較緩慢之幼兒，請自行參考後一階段或前一階段指標設計教材。

　　每個學習指標的標號格式都有其代表的意義，在閱讀前，首先需要瞭解這些標號格式，以下將簡要說明：

1. 第一個文字「美」表示**美感領域**。
2. 第二個文字表示所屬的**年齡層**，幼、小、中、大分別為幼幼班、小班、中班及大班。
3. 第三位數字表示**美感的能力**，1 表示「探索與覺察」、2 表示「表現與創作」、3 表示「回應與賞析」。
4. 第四位數字表示**學習面向**，1 是指「情意」面向、2 是指各種「藝術媒介」面向。

5. 第五位數字則表示**各學習指標的流水編號**。

6. 學習指標的內容若為箭號，表示延續前一個年齡階段的學習指標。若有發展較成熟或較緩慢之幼兒，建議教保人員參考後一年齡層或前一年齡層之學習指標設計活動。

二、名詞解釋

進入學習指標後，需要瞭解指標中一些名詞的特定意涵，解釋如下（教育部，2013，頁 125）：

1. **質地**：泛指物件的結構性質，如紋理或肌理等，這概念是在「探索與覺察」中與「觸覺」比較有關的部分，例如用手撫摸布料時，摸起來會有滑滑、涼涼的感覺。

2. **玩索**：係指幼兒主動去探索玩耍，在遊戲中發揮天馬行空的想像力。

3. **把玩**：指的是操弄各種藝術的工具或材料，並以遊戲的心態一面玩耍，一面使用。

4. **命名或賦予意義**：詢問幼兒創作的主題時，幼兒會依據自己的想法給予一個名稱，或描述作品的內容。通常若不經幼兒解釋，外人或許很難從中理解幼兒的創作內容。

5. **玩物**：在扮演遊戲中所使用的各種材料或物件。

6. **視覺藝術素材與工具特性**：知道不同素材與工具的特殊之處，例如白膠可以黏得比膠水牢靠，但是等待乾燥的時間會比較久；膠帶可以黏貼較重或是光亮面的物品；卡紙較硬也厚實，適合用來當底座等。

表 5-1-2　幼兒園美感領域課程目標之學習指標

課程目標	2～3 歲學習指標	3～4 歲學習指標	4～5 歲學習指標	5～6 歲學習指標
美-1-1 體驗生活環境中愉悅的美感經驗	美-幼-1-1-1 探索生活環境中事物的美，體驗各種美感經驗	美-小-1-1-1 ───────→	美-中-1-1-1 ───────→	美-大-1-1-1
美-1-2 運用五官感受生活環境中各種形式的美	美-幼-1-2-1 探索生活環境中事物的色彩、形體、質地的美	美-小-1-2-1 ───────→	美-中-1-2-1 探索生活環境中事物的色彩、形體、質地的美，覺察其中的差異	美-大-1-2-1
	美-幼-1-2-2 探索生活環境中各種聲音	美-小-1-2-2 ───────→	美-中-1-2-2 探索生活環境中各種聲音，覺察其中的差異	美-大-1-2-2 ───────→
	美-幼-1-2-3 探索日常生活中各種感官經驗與情緒經驗	美-小-1-2-3 覺察並回應日常生活中各種感官經驗與情緒經驗	美-中-1-2-3 ───────→	美-大-1-2-3
美-2-1 發揮想像並進行個人獨特的創作	美-幼-2-1-1 享受玩索各種藝術媒介的樂趣	美-小-2-1-1 ───────→	美-中-2-1-1 玩索各種藝術媒介，發揮想像並享受自我表現的樂趣	美-大-2-1-1
美-2-2 運用各種形式的藝術媒介進行創作		美-小-2-2-1 把玩各種視覺藝術的素材與工具，進行創作	美-中-2-2-1 運用各種視覺藝術素材與工具，進行創作	美-大-2-2-1 運用各種視覺藝術素材與工具的特性，進行創作
		美-小-2-2-2 運用線條、形狀或色彩表現想法，並命名或賦予意義	美-中-2-2-2 運用線條、形狀或色彩，進行創作	美-大-2-2-2 ───────→
		美-小-2-2-3 以哼唱、打擊樂器或身體動作模仿聽到的旋律或節奏	美-中-2-2-3 以哼唱、打擊樂器或身體動作反應聽到的旋律或節奏	美-大-2-2-3 運用哼唱、打擊樂器或身體動作進行創作
		美-小-2-2-4 以高低強弱快慢等音樂元素表達感受	美-中-2-2-4 ───────→	美-大-2-2-4 ───────→
	美-幼-2-2-5 運用簡單的動作或玩物，進行生活片段經驗的扮演	美-小-2-2-5 ───────→	美-中-2-2-5 運用動、玩物或口語，進行扮演	美-大-2-2-5 ───────→
			美-中-2-2-6 進行兩人以上的互動扮演	美-大-2-2-6 ───────→

表 5-1-2　幼兒園美感領域課程目標之學習指標（續）

課程目標	2～3 歲學習指標	3～4 歲學習指標	4～5 歲學習指標	5～6 歲學習指標
美-3-1 樂於接觸多元的藝術創作，回應個人的感受	美-幼-3-1-1 樂於接觸視覺藝術、音樂或戲劇等創作表現	美-小-3-1-1　——→	美-中-3-1-1 樂於接觸視覺藝術、音樂或戲劇等創作表現，回應個人的感受	美-大-3-1-1　————→
			美-中-3-1-2 樂於參與在地藝術創作或展演活動	美-大-3-1-2　————→
美-3-2 欣賞藝術創作或展演活動，回應個人的看法		美-小-3-2-1 欣賞視覺藝術創作，描述作品的內容	美-中-3-2-1　——→	美-大-3-2-1 欣賞視覺藝術創作，依個人偏好說明作品的內容與特色
		美-小-3-2-2 欣賞音樂創作，描述個人體驗到的特色	美-中-3-2-2　——→	美-大-3-2-2　————→
		美-小-3-2-3 欣賞戲劇表現，描述個人體驗到的特色	美-中-3-2-3　——→	美-大-3-2-3 欣賞戲劇表現，依個人偏好說明其內容與特色

資料來源：教育部（2013，頁 100-102）

第二節　美感領域之學習指標

在「探索與覺察」、「表現與創作」及「回應與賞析」各課程目標下，皆包含 2～6 歲幼兒之學習指標，以下將以文字、表格、實例和圖片，綜合說明個別年齡層的指標內容。

壹、「探索與覺察」學習指標

一、連結「情意」面向

美-1-1　體驗生活環境中愉悅的美感經驗

強調「情意」的面向，希望幼兒在生活環境中探索各項事物的美，並對其產生好奇與愉悅感受。在這個目標下學習指標只有 1-1-1 一個系列（表 5-2-1）：

表 5-2-1　美-1-1 分齡學習指標

課程目標	2～3 歲 學習指標	3～4 歲 學習指標	4～5 歲 學習指標	5～6 歲 學習指標
美-1-1 體驗生活環境中愉悅的美感經驗	美-幼-1-1-1 探索生活環境中事物的美，體驗各種美感經驗	美-小-1-1-1 ———→	美-中-1-1-1 ———→	美-大-1-1-1 ———→

1-1-1　情意方面的分齡指標說明

美-幼-1-1-1　探索生活環境中事物的美，體驗各種美感經驗

美-小-1-1-1　探索生活環境中事物的美，體驗各種美感經驗

美-中-1-1-1　探索生活環境中事物的美，體驗各種美感經驗

美-大-1-1-1　探索生活環境中事物的美，體驗各種美感經驗

　　情意的部分比較沒有年齡上的差別。前頁表 5-2-1 的三個箭頭表示美-1-1-1 的指標內容可以表示在各年齡層的幼兒（幼幼班、小班、中班和大班），對周遭環境總是充滿著好奇，對任何事物**感到有趣好玩**，隨時都能沉浸於**發現與探索的喜悅**中。

　　例如在戶外活動時，看到榕樹可能會興奮地爬到樹上，或是摸摸樹皮、氣根；在教室或校園一角看到一樣新的事物，可能感到有趣，不一會兒就圍到旁邊問東問西、好奇觀望（圖 5-2-1）。

▲圖 5-2-1　在戶外自由探索樹木和自己的身體

二、連結生活中的「五官感受」

美-1-2　運用五官感受生活環境中各種形式的美

主要連結「感官知覺」的管道，希望幼兒探索生活環境中的自然物、人造物、聲音或節奏等各種美感經驗，同時覺察其中的變化。

美-1-2 下之學習指標共分三大系列，1-2-1 系列是以「視覺感官」為主，是指眼睛在生活中對事物的發現覺察；1-2-2 系列是以「聽覺感官」為主，是指耳朵對周遭環境聲音、音樂的探索覺察；1-2-3 系列是以「其他感官」為主，是指透過味覺、嗅覺及觸覺等方式進行探索覺察。

請參考表 5-2-2 的分齡學習指標，並詳見表後的說明與範例。

表 5-2-2　美-1-2 分齡學習指標

課程目標	2～3 歲 學習指標	3～4 歲 學習指標	4～5 歲 學習指標	5～6 歲 學習指標
美-1-2 運用五官感受生活環境中各種形式的美	美-幼-1-2-1 探索生活環境中事物的色彩、形體、質地的美	美-小-1-2-1　→	美-中-1-2-1 探索生活環境中事物的色彩、形體、質地的美，覺察其中的**差異**	美-大-1-2-1　→
	美-幼-1-2-2 探索生活環境中各種聲音	美-小-1-2-2　→	美-中-1-2-2 探索生活環境中各種聲音，覺察其中的**差異**	美-大-1-2-2　→
	美-幼-1-2-3 探索日常生活中各種感官經驗與情緒經驗	美-小-1-2-3 覺察並**回應**日常生活中各種感官經驗與情緒經驗	美-中-1-2-3　→	美-大-1-2-3　→

1-2-1 「視覺感官」的分齡指標說明

美-幼-1-2-1　探索生活環境中事物的色彩、形體、質地的美

美-小-1-2-1　探索生活環境中事物的色彩、形體、質地的美

美-中-1-2-1　探索生活環境中事物的色彩、形體、質地的美，

　　　　　　　覺察其中的差異

美-大-1-2-1　探索生活環境中事物的色彩、形體、質地的美，

　　　　　　　覺察其中的差異

　　幼兒對於物件的覺察，主要從視覺感官的「色彩和形體」切入；除了觀看之外，幼兒也喜歡用手觸摸並感覺物件質地的「輕重或紋理」差異。在**幼幼班**和**小班**階段，只是單純的探索生活環境中的事物；而**中大班**後，才會進一步覺察其間的色彩、形體或質地中細微的差異與感受。

　　例如圖 5-2-2，教保人員在兩棵樹之間吊掛布幔，讓幼兒從下方觀察光線穿透布幔後的色彩變化與質地之美。圖 5-2-3，幼兒探索、覺察不同植物的色彩和形式的差異。

▲圖 5-2-2　探索色彩質地之美　▲圖 5-2-3　探索並覺察植物的色彩、形式之差異

1-2-2 「聽覺感官」的分齡指標說明

美-幼-1-2-2　探索生活環境中各種聲音

美-小-1-2-2　探索生活環境中各種聲音

美-中-1-2-2　探索生活環境中各種聲音，**覺察其中的差異**

美-大-1-2-2　探索生活環境中各種聲音，**覺察其中的差異**

　　中班前的幼兒會到處探索環境中各式各樣聲音的美感經驗，但卻不會特別留意聲音的不同；逐漸地，自己或在教保人員的引導下，可能會進一步發現各種聲音或節奏比較明顯的不同；到了**大班**，實驗更多不同快慢節奏，或不同東西／樂器發出的聲音，從中覺察更多細微變化的**樂趣**（圖 5-2-4）。

　　例如**小班**幼兒在戶外拿著石頭到處東敲西敲，玩得很高興；**中班**以後的幼兒能留意石頭在不同的物體上會敲出不同的聲音；而**大班**的幼兒還會發現不同的聲音節奏，可以變快變慢、變輕變重，甚至可以用石頭之外的東西敲出不同的音色，覺察更多細微有趣的變化。教保人員在教室「學習區」放置各式自製樂器，如在空瓶中放入各種不同的豆子、沙子或米。在自由探索時間，**小班**幼兒可能只是隨便搖一搖、玩一玩；**中班**幼兒發現豆子瓶與沙子瓶的聲音搖起來明顯不同；甚至有些較成熟的**大班**幼兒會發現豆子的聲音搖起來比較清脆，而沙子的聲音聽起來比較沉悶等有趣的現象。

▲ 圖 5-2-4　探索各種聲音節奏的差異變化

1-2-3 「其它感官」的分齡指標說明

美-幼-1-2-3 **探索**日常生活中各種感官經驗與情緒經驗

美-小-1-2-3 **覺察並回應**日常生活中各種感官經驗與情緒經驗

美-中-1-2-3 **覺察並回應**日常生活中各種感官經驗與情緒經驗

美-大-1-2-3 **覺察並回應**日常生活中各種感官經驗與情緒經驗

　　除了前述視覺、聽覺主要的感官，幼兒常常會以遊戲的方式探索其他感官如味覺、嗅覺或觸覺等各種經驗；同時，透過假裝的「戲劇扮演」，他們也有機會玩索各種感官與情緒的複合經驗（圖5-2-5）。例如在**小班**前，幼兒可能懵懵懂懂地拿著針筒走來走去，看到任何的東西就要給它打針，「重複探索痛的感官或情緒經驗」；**中大班**的幼兒，除了探索外，可能會將日常的感官經驗完整地表現出來，如圖5-2-6，幼兒主動扮演醫生幫娃娃看病、量體溫，來覺察發燒的感受。他們偶爾也會以「偶或玩具人物」互動的方式，表現回應自己在生活中所體驗到的感官情緒。

▲圖 5-2-5　以食物料理來覺察生活中味、嗅、觸等感官經驗

▲圖 5-2-6　生活中看診的多元感官經驗

 貳、「表現與創作」學習指標

一、連結「情意」面向

美-2-1 發揮想像並進行個人獨特的創作

　　仍舊連結情意的面向，希望幼兒在參與各種創作中，發揮天馬行空的想像力，滿足幼兒個人的表現慾望，並盡情享受創造的樂趣。其下學習指標只有一系列，請參考表 5-2-3 的分齡學習指標，並詳見表後說明。

表 5-2-3 美-2-1 分齡學習指標

課程目標	2～3歲 學習指標	3～4歲 學習指標	4～5歲 學習指標	5～6歲 學習指標
美-2-1 發揮想像並進行個人獨特的創作	美-幼-2-1-1 享受玩索各種藝術媒介的樂趣	美-小-2-1-1　→	美-中-2-1-1 玩索各種藝術媒介，發揮想像並享受自我表現的樂趣	美-大-2-1-1　→

2-1-1　情意方面的分齡指標說明

　　美-幼-2-1-1　享受玩索各種藝術媒介的樂趣

　　美-小-2-1-1　享受玩索各種藝術媒介的樂趣

　　美-中-2-1-1　**玩索各種藝術媒介，發揮想像並享受自我表現**的樂趣

　　美-大-2-1-1　**玩索各種藝術媒介，發揮想像並享受自我表現**的樂趣

　　上述四個指標中都有「玩索」一詞，其意義是指「幼兒主動去探索玩耍，在遊戲中發揮天馬行空的想像力」。在**幼幼班**和**小班**階段，只是單純的享受創作的樂趣；而在**中大班**後，除了樂趣外，可能會有較多想要表現的主題或想法，可以玩索的媒介也更加多樣。

指標中的「藝術媒介」是指幼兒在遊戲中常常用來做為自我表現的方式，如「美勞工作」、「音樂律動」及「扮家家酒」等，這些多以自發即興、直覺表達及非正式的創作為主。與成人認為的藝術表現不同，幼兒的藝術創作要從幼兒的觀點出發，其本質和「幼兒遊戲」一樣強調「自發的參與」、「自我的想像」、「內在的動機」、「正面的情意」、「重過程不重結果」等，也就是說幼兒園中的藝術表現，來自於幼兒自發性遊戲或非正式活動。

二、連結遊戲中的「藝術媒介」

美-2-2　運用各種形式的藝術媒介進行創作

這裡是指「生產性」的美感經驗，也就是**表現與創作**的基本能力。具體藝術媒介包含視覺藝術、聽覺／音樂及戲劇扮演等。其下學習指標為如下。

2-2-1 **視覺藝術的表現媒介**：以美術或工藝造型為主的工具和素材，包括常見的「美勞工具」，例如筆、剪刀、膠水、釘書機及打洞器等；而「素材」除了常見的顏料、紙張外，還有其它更多元的素材，例如泥巴、石頭、樹葉及花草等「天然素材」；毛線、塑膠空罐、紙箱、紙盒等各種回收的「人造素材」；以及黏土、積木、摺紙等「立體素材」。2-2-2 **視覺藝術的內涵**：包括「線條」、「形狀」、「色彩」、「平衡」、「對比」等要素。2-2-3 **聽覺／音樂的表現媒介**：是指以「歌唱」、「樂器打擊」及「身體動作」等方式，來表現自己對音韻旋律的體會與感覺。2-2-4 **聽覺／音樂的內涵**：包括以相應的聲音及動作／樂器表現節奏的「快慢、強弱」及各式旋律的「音高」或「音色」等要素。2-2-5 **戲劇扮演的表現媒介**：是指運用「肢體行動」、「服裝道具」及「口語」等戲劇媒介，象徵性表現其生活中常接觸的人事物；或繪本／卡通故事中的戲劇情境與人物。幼兒園常見的扮演是幼兒自發性的「扮家家酒遊戲」，或成人引導的「創造性戲劇」。2-2-6 **戲劇扮演的內涵**：包括「人物」、「角色」、「情節」等要素的表現。

　　除了上述的媒介外，「肢體／身體動作或舞蹈表現」也是美感領域中重要的媒介之一，常常和音樂律動或戲劇扮演融合在一起，另外它也是身體的美學，強調對自我身體的覺察、調整與創意性的想像與組合。在課綱「身體動作與健康」領域中，這部分有清楚的描述，可以參考相關指標進行引導。下表 5-2-4 是美-2-2 之分齡學習指標，請詳見表後的說明與範例。

表 5-2-4　美-2-2 分齡學習指標

課程目標	2～3 歲學習指標	3～4 歲學習指標	4～5 歲學習指標	5～6 歲學習指標
美-2-2 運用各種形式的藝術媒介進行創作		美-小-2-2-1 把玩各種視覺藝術的素材與工具，進行創作	美-中-2-2-1 運用各種視覺藝術素材與工具，進行創作	美-大-2-2-1 運用各種視覺藝術素材與工具的特性，進行創作
		美-小-2-2-2 運用線條、形狀或色彩表現想法，並命名或賦予意義	美-中-2-2-2 運用線條、形狀或色彩，進行創作	美-大-2-2-2 ⟶
		美-小-2-2-3 以哼唱、打擊樂器或身體動作模仿聽到的旋律或節奏	美-中-2-2-3 以哼唱、打擊樂器或身體動作反應聽到的旋律或節奏	美-大-2-2-3 運用哼唱、打擊樂器或身體動作進行創作
		美-小-2-2-4 以高低強弱快慢等音樂元素表達感受	美-中-2-2-4 ⟶	美-大-2-2-4 ⟶
	美-幼-2-2-5 運用簡單的動作或玩物，進行生活片段經驗的扮演	美-小-2-2-5 ⟶	美-中-2-2-5 運用動作、玩物或口語，進行扮演	美-大-2-2-5 ⟶
			美-中-2-2-6 進行兩人以上的互動扮演	美-大-2-2-6 ⟶

2-2-1　視覺藝術之「素材與工具」的分齡指標說明

美-小-2-2-1　**把玩**各種視覺藝術的**素材與工具**，進行創作

美-中-2-2-1　**運用**各種視覺藝術**素材與工具**，進行創作

美-大-2-2-1　**運用**各種視覺藝術**素材與工具的特性**，進行創作

　　幼幼班、小班的幼兒在工具的操作上不甚成熟，素材的選擇上也比較簡單，多半仍在到處探索把玩。兩歲幼兒開始會用手撕紙，而小班會使用重複的動作、以「蠟筆塗鴉、漿糊或膠水」等進行創作。透過小手重複地撕紙、擠壓黏膠、在不同材質紙張上滑動，感受不同黏度的樂趣，這是手眼協調及精細動作練習之始，也是日後使用剪刀等更複雜工具的準備。如圖5-2-7幼兒以直接用手指沾上顏料在不同材質紙上塗抹的方式創作；也可提供粉筆或水槍等，讓幼兒有機會把玩不同的素材與工具（圖5-2-8）。

▲ 圖 5-2-7
使用手指作畫

▲ 圖 5-2-8
把玩水槍在牆上的創作

　　中班的幼兒可以逐漸知道各個工具和材料的使用方法，並能運用「基礎的」視覺素材及工具，如蠟筆、水彩、剪刀、釘書機、膠帶等進行創作；而在素材的選擇上也更多元，許多人造及自然的素材，都是其創作的來源。此時需要提供好剪的紙質、安全適用的剪刀及相關的工具進行更多的創作，同時也需教導工具使用的安全方法（圖5-2-9至圖5-2-12）。

▲ 圖 5-2-9　提供安全剪刀

▲ 圖 5-2-10　運用各種材料

▲ 圖 5-2-11
逐漸熟悉水彩工具的創作方式

▲ 圖 5-2-12
逐漸熟悉粉筆的創作方式

到了**大班**，小肌肉的控制、手眼協調的能力及創作的經驗更佳，幼兒對各種**工具的特性**更熟悉熟練，也會運用更多元的素材進行創作。例如將摺紙做成遊行的頭套，或是運用日常熟悉的自然或人造素材，進行光影變化的創作（圖5-2-13至圖5-2-16），這些都是各類視覺藝術的多元創作方式。

▲ 圖 5-2-13　熟悉素材材料並進行另類創作

▲ 圖 5-2-14　熟悉摺紙技巧並創作成遊行的頭套

▲ 圖 5-2-15　熟悉自然與人造素材並進行光影的創作

▲ 圖 5-2-16　熟悉素材的特性並進行光影的創作

2-2-2　視覺藝術之「線條、形狀、色彩」的分齡指標說明

美-小-2-2-2　運用線條、形狀或色彩**表現想法，並命名或賦予意義**

美-中-2-2-2　運用線條、形狀或色彩，**進行創作**

美-大-2-2-2　運用線條、形狀或色彩，**進行創作**

　　這三項指標的重點強調的是，幼兒透過視覺媒介所表現出來的作品，會依各年齡層而有所不同。如**小班**幼兒會以手臂大肌肉反覆的動作進行創作，表現出難以辨識主題的塗鴉，但是會命名或賦予意義。也就是當別人詢問幼兒的創作時，他們會依據自己的想法給予一個名稱，或描述作品的內容。通常若不經幼兒解釋，外人或許很難從中理解幼兒的創作內容。圖 5-2-17 中，幼兒以不規則的線條與形狀表現作品，詢問後才知道幼兒畫的是「小紅帽」。圖 5-2-18 中，水彩畫作中看不出明顯的線條，因為他正在探索筆刷沾上顏料後，在紙張上推開時所出現的樣貌。

　　中大班幼兒會運用各種線條、形狀或色彩，將生活中熟悉的人、事、物表現出來，不需詢問就可以明顯看出作品的內容，隨著創作的經驗累積，有些幼兒會運用較複雜的線條形狀與豐富的色彩，進行相關的創作。在下一頁圖 5-2-19 中，**中班**幼兒畫出我和我的動物朋友中，以螺旋造型，畫出蝸牛、烏龜等圖案；而在圖 5-2-20 中，幼兒已經可以運用水彩結合紙張拼貼，表現生活中常見的事物，如太陽、房子及樹林等。

▲ 圖 5-2-17　蠟筆塗鴉——小紅帽

▲ 圖 5-2-18　小班水彩塗鴉

大班幼兒也會運用複合的形式，以較熟練的繪圖技巧及豐富的色彩圖像，表現和自己生活經驗有關的「**主題**」。在圖 5-2-21 中，幼兒因為曾經在家中附近的魚池旁看過小狗大便，於是就畫出了當時的生活景象。而在圖 5-2-22 中，幼兒畫出了他與好朋友、弟弟以及哥哥在公園裡舉辦生日派對的畫面，作品中還有翹翹板、溜滑梯、生日蛋糕和洋娃娃，他說：「我和他們一起過生日，大家笑得很開心，蛋糕是媽媽送給我的禮物。」

　　只要對於幼兒的作品常常表現興趣，幼兒參與創作的興致就會被鼓勵。一旦有機會常常進行這類活動，就越來越能掌握想要表達的主題或內容。

▲ 圖 5-2-19
中班蠟筆畫——我和我的動物朋友

▲ 圖 5-2-20
中班水彩拼貼畫——太陽、房子、大樹

▲ 圖 5-2-21　大班蠟筆畫——小狗大便

▲ 圖 5-2-22　大班蠟筆畫——生日派對

2-2-3 聽覺與音樂之「哼唱、打擊樂器或身體動作」的分齡指標說明

美-小-2-2-3 以哼唱、打擊樂器或身體動作**模仿**聽到的旋律或節奏

美-中-2-2-3 以哼唱、打擊樂器或身體動作**反應**聽到的旋律或節奏

美-大-2-2-3 **運用**哼唱、打擊樂器或身體動作**進行創作**

「哼唱」、「打擊樂器」或「身體動作」是幼兒對生活中所聽到的節奏、旋律，做的自然回應與表現媒介。

小班幼兒就常會模仿大人的哼唱或樂器敲打，一般晨間律動中，幼兒可以模仿簡單動作，但要留意韻律或動作變化不能太多，否則會跟不上。

中班幼兒多半能以模仿或反應的方式，重複教保人員所唱的兒歌、敲打的節奏或播放的音樂，有時也會以同樣的節奏，將歌詞稍加改變做回應，例如將「小椅子轉過來，小椅子轉過來，1、2、3、4轉過來」改成「小屁股轉過來，小屁股轉過來，1、2、3、4看老師」。

大班之後，在累積足夠的經驗，對各種哼唱方式或敲擊樂器的技巧逐漸熟悉，就會想要自行創作，即興表現所聽到的聲音或韻律的感受（圖5-2-23）。例如給幼兒平日晨間活動的固定音樂（節奏），請幼兒用自己的身體，配合音樂固定的節奏，即興創造不同的動作（圖5-2-24）。

▲ 圖 5-2-23 即興創作節奏

▲ 圖 5-2-24 隨音樂做出即興動作

2-2-4　聽覺與音樂之「高低強弱快慢等」的分齡指標說明

美-小-2-2-4　以高低強弱快慢等音樂元素表達感受

美-中-2-2-4　以高低強弱快慢等音樂元素表達感受

美-大-2-2-4　以高低強弱快慢等音樂元素表達感受

這三項指標的重點強調的是，幼兒會以高低、強弱、快慢等音樂元素，表達對不同音樂韻律的感受。不過從三個指標的敘述中也可以發現，在各個年齡層的表現上並沒有差異，反而需要留意的是，在引導幼兒表現各種音樂韻律時，可以用高低、強弱、快慢等對比的元素，來引發各種創意的表現（圖5-2-25 至圖 5-2-28）。

▲圖 5-2-25　以肢體回應對比的高低旋律　▲圖 5-2-26　以肢體回應音樂高低強弱

▲圖 5-2-27　以自製樂器回應強弱快慢節奏　▲圖 5-2-28　以小木棒回應音樂快慢高低的感受

例如：

　　以**小老鼠上燈臺**的兒歌為主題，播放兩種「快慢不同」的音樂節奏。先播放「慢」節奏的音樂，引導幼兒做出小老鼠小心翼翼地爬上燈臺的慢動作；再播放「快速」的音樂或節奏，引為做出小老鼠看到貓咪後，匆忙跑回老鼠洞的緊張神情或不小心跌倒的動作（圖5-2-29、圖5-2-30）。

　　以**森林動物**為主題，為引導討論大象和小白兔走路「強弱」的不同，可用較低音的鼓用力打擊出大象走路沉甸甸的感覺，而用較小的力氣敲出小白兔輕快跳躍的感受。

　　當幼兒對不同的音樂或韻律的表達練習有比較多的經驗後，就可以引導他們配合教保人員的故事，將各種「聲音」表現出來。在一個馬戲團的故事中，故意創造幾種不同的角色，像是小丑、馴獸師，再加上一些動物的表演，如大象行進、馬匹奔跑或是獅子大吼等，請幼兒先練習不同角色的聲音，接著配合故事的內容，在角色出現的時刻，加上自己創作的音效。

▲ 圖 5-2-29　小老鼠小心翼翼的慢動作

▲ 圖 5-2-30　小老鼠摔到頭

2-2-5　戲劇扮演之「動作、玩物或口語」的分齡指標說明

美-幼-2-2-5　運用**簡單的**動作或玩物，進行**生活片段經驗**的扮演

美-小-2-2-5　運用**簡單的**動作或玩物，進行**生活片段經驗**的扮演

美-中-2-2-5　運用動作、玩物**或口語**，進行扮演

美-大-2-2-5　運用動作、玩物**或口語**，進行扮演

在這四項指標中，強調從動作、玩物或口語等戲劇表現的媒介，來分析不同年齡層幼兒之戲劇扮演樣貌。**幼幼班**或**小班**的幼兒，常以反覆的動作玩弄接觸到的玩具物件，並模仿某些生活的經驗進行片段的扮演。例如小班幼兒在拿到奶瓶後，就會反覆做出餵奶的動作；在圖 5-2-31 中，幼兒幫洋娃娃重複做出換尿布、餵奶等片段的扮演行動。

中大班以後，幼兒動作與口語的表達比較靈活，生活經驗逐漸豐富，扮演時會用一連串的行動更具體地表現出特定的人物或事件；而有些較成熟的幼兒，則會以口語指揮或和其他的角色互動，如在圖 5-2-32 中，中大班幼兒帶領小班幼兒扮演主人帶寵物到餐廳吃飯的連續動作。

▲圖 5-2-31　小班幫洋娃娃換尿布

▲圖 5-2-32　中班扮演主人帶寵物到餐廳吃飯

2-2-6 戲劇扮演之「社會互動」的分齡指標說明

美-中-2-2-6 進行兩人以上的互動扮演

美-大-2-2-6 進行兩人以上的互動扮演

　　在幼兒戲劇扮演的表現上，是從「社會互動」的角度來描述指標。**幼幼班與小班**幼兒，通常多半獨自行動，或反覆和娃娃或道具互動，和前項學習指標 2-2-5 雷同，因此這裡就沒有特別的指標敘述。到了**中大班**，扮演的範圍會從家庭擴大到社區，且會以兩人互動角色為主，若是情境許可，一些較成熟的幼兒，會從兩人逐漸拓展成多人互動，如圖 5-2-33 中，老闆和兩位客人的買賣遊戲，就屬於多人的互動。

　　除了現實生活外，**中大班**幼兒的想像力特別強，喜歡扮演故事或卡通中的主角人物，如圖 5-2-34 中，一群小女孩扮演迪士尼電影「冰雪奇緣」，正在為公主打扮。

▲ 圖 5-2-33　中大班多人扮演買賣遊戲

▲ 圖 5-2-34　中大班多人裝扮卡通主角遊戲

參、「回應與賞析」學習指標

一、連結「情意」面向

美-3-1　樂於接觸多元的藝術創作，回應個人的感受

更強化對情意的連結，希望幼兒在參與幼兒園及社區中的各類藝術活動時，享受到愉悅的過程。在這個目標下學習指標只有一系列（表 5-2-5）。

表 5-2-5　美-3-1 分齡學習指標

課程目標	2〜3 歲 學習指標	3〜4 歲 學習指標	4〜5 歲 學習指標	5〜6 歲 學習指標
美-3-1 樂於接觸多元的藝術創作，回應個人的感受	美-幼-3-1-1 樂於接觸視覺藝術、音樂或戲劇等創作表現	美-小-3-1-1　　→	美-中-3-1-1 樂於接觸視覺藝術、音樂或戲劇等創作表現，回應個人的感受	美-大-3-1-1　　→
			美-中-3-1-2 樂於參與在地藝術創作或展演活動	美-大-3-1-2　　→

3-1-1　情意與「各種藝術創作」的分齡指標說明

美-幼-3-1-1　樂於接觸視覺藝術、音樂或戲劇等創作表現

美-小-3-1-1　樂於接觸視覺藝術、音樂或戲劇等創作表現

美-中-3-1-1　樂於接觸視覺藝術、音樂或戲劇等創作表現，
　　　　　　　回應個人的感受

美-大-3-1-1　樂於接觸視覺藝術、音樂或戲劇等創作表現，
　　　　　　　回應個人的感受

美感藝術的分享回應，最重要的是連結正面的情意，尤其在引導幼兒分享及回應作品時，讓幼兒能以自願歡喜的心情分享，也邀請同儕一同欣賞，並給予正面的回饋與鼓勵（圖 5-2-35 至圖 5-2-38）。重要的是，在幼兒分享創作及進行賞析回應時，教保人員需要創造安全自然的環境，讓幼兒在鼓勵性的正向氣氛中，回應自己的看法與感受。

▲圖 5-2-35
大班創作的同儕回應

▲圖 5-2-36
自願分享作品

▲圖 5-2-37　戲劇扮演分享與回應

▲圖 5-2-38　開心分享自創偶戲

3-1-2　情意與「在地／社區藝術」的分齡指標說明

美-中-3-1-2　樂於參與在地藝術創作或展演活動

美-大-3-1-2　樂於參與在地藝術創作或展演活動

　　社區的藝術活動是增進幼兒藝術欣賞的最便利有效的教學資源。平日多帶領幼兒參與社區各類的藝文活動，如圖 5-2-39 中的公共造景欣賞，圖 5-2-40 則是讓幼兒參觀畫家的工作室。此外，還可以讓幼兒參觀各類在地藝術家的創作，體會不同的藝術創作形式（圖 5-2-41）。

▲ 圖 5-2-39
欣賞在地磁磚拼貼藝術

▲ 圖 5-2-40
參觀畫家工作室

▲ 圖 5-2-41　參觀在地藝術家的創作

二、連結遊戲中的「藝術媒介」

美-3-2　欣賞藝術創作或展演活動，回應個人的看法

　　3-2-1 視覺藝術欣賞：主要素材是以幼兒的美勞創作為主，也可以採用繪本、網路或展覽等，擴展幼兒欣賞視覺藝術的來源。鼓勵幼兒留意作品的「內容、線條、形狀、色彩、質地」等表現形式，依個人感受或偏好表達看法。

　　3-2-2 聽覺藝術／音樂欣賞：以音樂 CD、兒歌哼唱及樂器打擊等為主，引導幼兒回應並表達其對音樂的感受與變化，如「快慢、強弱、高低」等特色。

　　3-2-3 戲劇扮演欣賞：可以在「戲劇扮演遊戲」或「創造性戲劇」活動後，利用分享的機會，讓幼兒一起進行戲劇的賞析。有時，也可以運用影片或戲劇表演，鼓勵幼兒表達並描述戲劇扮演的內容與特色，包括「人物造型、故事情節、視覺或音效」等。請參考表 5-2-6 的分齡學習指標，並詳見表後說明。

表 5-2-6　美-3-2 分齡學習指標

課程目標	2～3歲學習指標	3～4歲學習指標	4～5歲學習指標	5～6歲學習指標
美-3-2 欣賞藝術創作或展演活動，回應個人的看法		美-小-3-2-1 欣賞視覺藝術創作，描述作品的內容	美-中-3-2-1　　　　→	美-大-3-2-1 欣賞視覺藝術創作，依個人偏好說明作品的內容與特色
		美-小-3-2-2 欣賞音樂創作，描述個人體驗到的特色	美-中-3-2-2　　　　→	美-大-3-2-2　　　　→
		美-小-3-2-3 欣賞戲劇表現，描述個人體驗到的特色	美-中-3-2-3　　　　→	美-大-3-2-3 欣賞戲劇表現，依個人偏好說明其內容與特色

3-2-1　視覺藝術欣賞的分齡指標說明

美-小-3-2-1　欣賞視覺藝術創作，**描述**作品的內容

美-中-3-2-1　欣賞視覺藝術創作，**描述**作品的內容

美-大-3-2-1　欣賞視覺藝術創作，**依個人偏好說明**作品的內容與**特色**

日常生活中有很多接觸各類藝術創作或展演的機會，然而最容易欣賞的作品來源，就是幼兒在創作後的分享，或同儕對分享者所給予的回饋。唯有幼兒常有機會發表並回應個人的感覺或看法時，其對視覺藝術形式的感受就越發敏銳，也更能養成自己對美的欣賞的直覺及偏好。

在不同年齡的差異上，**中班之前**，幼兒會從最直覺明顯的特色，發表其對不同創作的看法；而**中大班後**，幼兒會對於其中的內容或特色做更詳盡的描述，只要加以引導，有些幼兒會對於其中的內容做一番解釋。例如圖 5-2-42 以「動物」為主題的創作欣賞，**中小班**幼兒會直接說：「牠的頭上有王，那是一隻獅子」，或說：「那隻狗的臉是紅色的」、「有尖尖的牙齒」；**大班**幼兒會對動物的花紋外型或情緒做進一步描述：「牠可能很生氣」，或解釋「旁邊這些閃電符號很像獅子在發抖」、「獅子的毛和尾巴都豎起來了，因為剛剛遇到比牠大的獅王在追牠」。

▲ 圖 5-2-42　大班彩墨畫

3-2-2 　聽覺藝術或音樂欣賞的分齡指標說明

美-小-3-2-2　欣賞音樂創作，描述個人體驗到的特色

美-中-3-2-2　欣賞音樂創作，描述個人體驗到的特色

美-大-3-2-2　欣賞音樂創作，描述個人體驗到的特色

　　一般而言，年齡較小的幼兒通常會直接說出音樂中特別凸顯的部分，逐漸會對於其中的「內容、強弱或快慢」等變化，或聽到音樂的「感受」做更詳盡地描述。不過，在教育部的美感領域實徵研究發現（林玫君，2010），不同年齡幼兒在這個部分的表現上差異不大，有可能是因為比較少接觸的關係。例如幼兒在欣賞「小狗與口哨」這首曲子後，在教保人員的提問下，幼兒描述：「小狗與口哨聽起來感覺比較慢」、「但是主人吹口哨走路時比較慢」、「小狗出來時音樂變得比較快」。

　　比起視覺創作的欣賞，音樂的部分常被忽略，需要更特別的安排引導。在欣賞的素材方面，以CD音樂、兒歌或樂器節奏為主，而欣賞的**音樂特色元素**，可以引導幼兒留意音樂中「強弱、高低或音色」的變化而給個人的不同感受。其中，**音色**指的是聲音的特色，可能如大提琴與長笛的不同音色，也可能如不同材質的小提琴所產生的細微差異。

　　教保人員平日可以提供幼兒接觸各種音樂形式的機會，一方面可以刻意安排時間，讓幼兒針對特殊的音樂或旋律做欣賞；另一方面，也可以隨時在日常生活中，依不同的情境或需要而播放不同的音樂，並隨機詢問幼兒對音樂的感受與看法，以培養幼兒對於各種音樂表現的直覺感受力。有時也需要在欣賞後**預留時間**，引導幼兒分享自己的想法與感受。當幼兒們習慣於發表並回應個人的感覺或看法時，其對音樂形式的感受就越發敏銳，逐漸養成自己對美的欣賞直覺及偏好。

3-2-2 聽覺藝術／音樂聆賞的引導活動

　　以下參考黃麗卿（1998，頁 172）的建議，以〈動物狂歡節〉中的「水族」為題材，配合音樂聆賞與想像，提出幾項教保人員可做的引導如下：

1. **提示想像**：提供欣賞的焦點或主題（但不多做解釋），引導幼兒想像所聽到的音樂可能出現的人物或情境。例如：「水族箱裡可能會有哪些東西？哪些是會動的？哪些是不會動的？」

2. **一度聆聽和想像**：要幼兒一邊聽一邊想，感受音樂裡可能出現的想像或想法。例如：「待會兒一邊聽、一邊想，這首歌裡有些什麼東西？」

3. **聆聽後發表個人想法與感受**：聆聽完音樂後，鼓勵幼兒運用自己的想像發表感受。在引導時，以感覺為主，不要給予太多的提示或暗示希望獲得的結果。例如：「你覺得剛才聽到音樂，好像水中出現了哪些東西？」

4. **二度聆賞，專注於更細微的部分**：再仔細聽一次，針對幼兒的發表進行引導，提供可能未注意或遺漏的部分，請他們更專注聆賞，看看是否有更細微的回應或想法。例如：「再說說看你聽到些什麼？」

5. **表現和創作**：引導孩子根據所聽到的音樂，用舞蹈、繪畫或扮演的型態表現出來，把所聽到水族音樂而想像到的水底生物，用肢體隨音樂舞動。例如：「等一下老師會再放一次音樂，這次你要變成水中的動物或泡泡、水草等植物，跟著音樂移動；音樂一停，你也要停下來。」

3-2-3　戲劇扮演賞析的分齡指標說明

美-小-3-2-3　欣賞戲劇表現，描述個人體驗到的特色

美-中-3-2-3　欣賞戲劇表現，描述個人體驗到的特色

美-大-3-2-3　欣賞戲劇表現，依個人偏好說明其內容與特色

　　一般以為戲劇必須是粉墨登場的演出，很難在學校進行賞析的活動。其實和視覺藝術一樣，「戲劇的欣賞」不一定要專業的表演，可以直接以幼兒在娃娃家的扮演、語文區的故事及偶戲創作，甚至成人引導的創造性戲劇活動，都是很好的欣賞來源（圖 5-2-43、圖 5-2-44）。

▲圖 5-2-43　偶戲創作

▲圖 5-2-44　欣賞彼此創作的戲劇

除了幼兒戲劇扮演的分享欣賞外，也可以在教室播放相關影片，或邀請幼保科系的學生、義工家長或專業團體到校為幼兒表演，並在之後進行討論，以提供幼兒接觸各類戲劇展演的機會（圖 5-2-45、圖 5-2-46）。在看完這些戲劇表演，接著就要特別花時間進行「戲劇欣賞的引導」。剛開始進行欣賞時，只要能依據自己的喜好，說出個人體驗到的特色即可；但是之後也需要針對戲劇內涵及特色做引導。

▲ 圖 5-2-45　期末全校性戲劇創作分享

▲ 圖 5-2-46　觀賞大學生表演的兒童劇

以下將以實例說明如何進行戲劇賞析的基本內涵與特色引導。

在幼兒欣賞九歌兒童劇團的影帶〈乖乖三頭龍〉後，教保人員與幼兒針對「道具和角色造型」等戲劇視覺的效果，所進行的討論：

教保人員：你們還有看到什麼特別的道具？有一匹什麼？

幼　　兒：馬！

教保人員：馬是怎麼做成的？

幼　　兒：用布，還有布上面的鬃鬃，然後綁一綁變成一匹馬。

幼　　兒：還有把他捏起來，再配上馬的聲音。

教保人員：還有看到什麼道具？

幼　　兒：他的劍是用玩具寶劍做出來的。

幼　　兒：老師，那個強盜是小矮人嗎？

教保人員：你們覺得那個是小矮人嗎？他本來就長得這麼矮嗎？

幼　　兒：不是，我有看到他真正的腳，他真正的腳是藏在下面。

教保人員：那為什麼他看起來還是那麼矮？

幼　　兒：他前面有一雙道具的腳。

教保人員：那真正的腳呢？

幼　　兒：真正的腳是黑色的，布也是黑的，所以就可以把腳藏起來。

美感教保活動課程實例

　　幼兒園的教保活動或課程，一般而言多從幼兒的興趣經驗出發，結合相關的主題，發展統整且連續的課程。而隨著教學目標、主題或探索焦點的不同，教保人員會在教保活動前後，嘗試連結課綱六大領域的課程目標與學習指標，檢視幼兒所歷經的學習經驗和累積的能力。

　　本書的主軸為「美感教育」，因此本章所提供的實例，會聚焦在「美感領域」基本能力之連結（探索與覺察、表現與創作、回應與賞析）及三個主要的表現媒介之教保活動課程示例（視覺工作、戲劇扮演、音樂律動），而關於教保活動課程大綱六大領域完整課程設計及指標連結，將不在此章做特別說明。建議另外參考教育部國教署出版的專書——《幼兒園教保活動課程手冊》及《課程發展參考實例上／下》。

　　本章將以兩類不同的實例，呈現美感課程與教保活動多元的面貌。第一類的實例在第一節，從**生活小地方**出發，由兩位大班教保人員帶領自己的學生，在教室、校園及社區進行一系列的美感生活探索之旅。師生從每天的生活環境中，發現許多平日被大家「視而不見」、「聽而不聞」或「覺而不察」的地方，而當他們用心去體會，並主動將這些「美的經驗／驚豔」帶回自己的生活中，才發現原來「美是無所不在的」，只要改變觀看事物的態度，生活中到處都是美。這篇實例是由林彣娉老師在擔任課綱美感研究助理後，回到嘉大附幼與王君瑜老師（筆者的研究生）共同發展出來的美感教保活動課

程，最後由彣娉老師加以整理敘寫。

　　本章第二節到第四節，是屬於第二類的實例。以**我的假日生活**為主題，呈現大、中、小不同年齡層的班級，如何連結美感的多元藝術媒介（如視覺、音樂、肢體律動及戲劇扮演等），發展出「遊樂場」、「海邊」及「公園」等系列的教保活動。這些活動來自於早期課綱研究中的實驗課程（林玫君、蔡其蓁，2008），當時和研究小組成員李之光老師及協同實驗的甘季碧老師一起編撰，這次經教育部同意，筆者又再度調整內容並與林彣娉老師進行最後編修的工作。

　　第一節　大班美感教保活動課程實例——「生活小地方」
　　第二節　大班美感教保活動課程實例——「遊樂場」
　　第三節　中班美感教保活動課程實例——「海邊」
　　第四節　小班美感教保活動課程實例——「教室變公園」

第一節　大班美感教保活動實例～生活小地方

一、主題源起

　　企鵝班門前的臺灣欒樹隨著嫩葉的長出，有著深淺不一的綠葉新面貌，發現的老師急欲和孩子們分享這生活中顏色變化的美……

　　「門前的那棵大樹有了什麼變化？你發現了嗎？」

　　數名企鵝小孩往門外四處張望後，很快地回頭說：「都一樣呀！」

　　其中一名小孩發現了老師驚訝的臉，再次抬頭看看樹，然後臉帶疑惑地轉身問：「你想要叫我們看什麼呢？」

生活中常常有著被人們忽略或視之為當然的小地方，當大家總是視而不見、聽而不聞時，將會錯失其中的美麗風景。為了讓企鵝小孩對於生活中的美更有感受，不再視之理所當然，因此規劃了「生活小地方」主題課程，希望帶領幼兒發現生活中的美感。期待在主題中，讓幼兒能有更多運用視、聽、味、嗅、觸覺五感，進行探索與覺察自己生活所在地方的各種美好體驗機會，並於體驗過程中感受到生活小地方的文化及美感，慢慢地能夠對於生活中的「美」有著更為直觀的感受與回應，更進一步地大膽嘗試與眾不同的「美」的詮釋方法。

　　在「生活小地方」主題課程中，教保人員鼓勵幼兒大膽地運用感官探索生活環境，除了覺察關於美的訊息外，也能從多元管道去深入了解關於美的各種議題，一同和夥伴表現與創作生活的美，並從心去欣賞這些美的創作。而基於運用視、聽、味、嗅、觸覺五感探索生活美感的理念，也以此進行「生活小地方」主題概念網的敘寫，像是帶領幼兒以看到的**視野**，發現生活中的色彩、形狀與建築；以聽到的**聲音**，覺察社區中常見的語言、音色與音樂；以聞到的**嗅覺**和吃到的**味道**，感受家庭與校園常見的食物與氣味；以摸到的**觸覺**，感受環境中各種質材的觸感，並進一步聯想其與生活的關係。而最重要的是，深化與生活環境的「感受」，讓幼兒從心感受在地文化的特殊氛圍，並進一步去連結其與自身生活的關係（下頁圖 6-1-1）。

　　在以下的課程分享中，先以「圓形區段循環圖」呈現企鵝班師生從校園逐漸到社區再回歸到教室的循環歷程（第 221 頁圖 6-1-2）。再以「垂直流程圖」說明幼兒以五感體驗生活小地方的方式，而箭頭的延續則是幼兒對於感興趣的議題持續深入探索的過程發展（第 222 頁圖 6-1-3）。接著會就不同的感官探索歷程，做更為詳細的過程發展脈絡說明，從中展現師生共構課程的面貌，並對應美感領域學習指標，以突顯該階段的課程發展中，幼兒所體驗到的美感重要能力。

二、學習目標

1. 運用多元感官探索生活環境。
2. 覺察生活環境中各種關於美的訊息。
3. 學習透過各種管道深入了解關於美的議題。
4. 與夥伴合作和生活小地方有關的表現與創作。
5. 欣賞生活中美好的事物，並連結其與自身的關係。

三、主題概念網

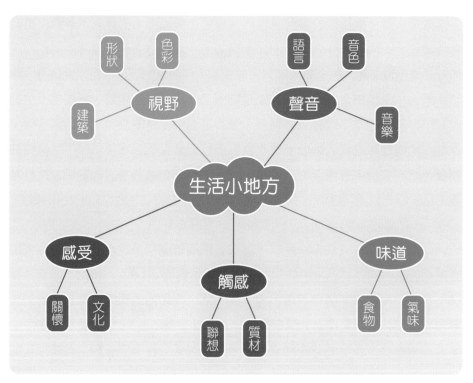

圖 6-1-1　「生活小地方」主題概念網

四、主題發展脈絡

在「生活小地方」主題課程發展中，企鵝班師生從生活小角落的探索逐漸擴大到教室、幼兒園，甚至到園裡的戶外空間與周遭的社區散散步。慢慢地從每一次的探索和散步活動裡發現生活中的美感，然後再將覺醒的美感能力實踐在教室中，讓教室變得更美麗。特別的是，當美的靈感枯竭時，企鵝班師生會再度外出蒐集美，並又再度回歸教室實踐美的創作。因此，如圖 6-1-2所示，這是一個不斷循環的過程，且每一次的循環都使得美感領域中探索與覺察、表現與創作、回應與賞析的能力得以加深、加廣。

當企鵝班師生探索生活環境時，視、聽、味、嗅、觸覺五感是主要補捉生活美感的重要工具。因此，在生活小地方的主題探索過程中，主要以視覺、觸覺、味嗅覺、聽覺四個方向記錄，而記錄的主軸強調「幼兒在探索生活環境的歷程中，運用五感覺察到美，從中獲取靈感創作，並於過程中不斷給予彼此回應賞析，進而讓教室變得更為美麗的過程」。由於幼兒運用五感的興趣不一，因此可以自由選擇教室裡的不同感官探索小組進行工作。且教學者也會透過團體、小組、個別活動型式的轉換，讓幼兒們彼此知道探索的進程，使之從對話討論中，得到支持及深入探索的動力。

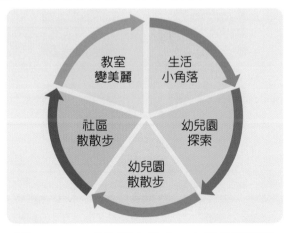

圖 6-1-2 「生活小地方」主題發展脈絡

```
散步時，          ←→   散步時，手        ←→   散步時，          ←→   散步時，
眼睛的發現              與腳的發現              味道的發現              聲音的發現
   ↓                      ↓                      ↓                      ↓
幼兒拍照          ←      觸覺與感受        ←      校園的蒜香              蒐集生活中
保留發現                 的分享                                        的聲音：
                                                                      錄音
   ↓                      ↓                      ↓                      ↓
不同角度、              運用素材創              餐點的味道        ←→   錄音作品與
細節的視野              作手腳步道                                    生活環境的
分享                                                                 連結與討論
   ↓                      ↓                      ↓                      ↓
照片中的                多元的觸感        ←      企鵝家庭              身體聲音的
綠色驚喜                體驗                    聚餐滋味              模仿與創作
   ↓                      ↓                      ↓                      ↓
綠色蒐集與        ←      形容詞、          ←→   社區生活的              自製沙鈴的
探索                    比喻與觸感              氣味                    創作與欣賞
   ↓                      ↓                      ↓                      ↓
散步中顏色              娃娃家的柔              娃娃家的香              美勞區的聲
外的發現：              軟觸感：布              氣：花香、              音作品創作
磁磚排列                                        檜木精油
   ↓                      ↓                      ↓                      ↑
磁磚馬賽克              娃娃家的          ←→   娃娃家的
的研究                  改造                    改造
   ↓
工作櫃的          ←────────────────────────────────────────────
馬賽克拼貼
美化
```

圖 6-1-3　幼兒以五感探索美的生活小地方歷程

五、探索過程

	活動歷程	學習指標

散步時，眼睛的發現

1. 在校園散步的初次經驗後，回到教室的孩子吱吱喳喳地分享著「我看到了……」視覺經驗，只是大家對於看到的地點是否相同爭論不休。為了更清楚說出自己觀察的地點，經過討論，最終決定將相機變成下次散步的必備物品，好方便記錄分享。

- 美-大-1-1-1
  探索生活環境中事物的美，體驗各種美感經驗

幼兒拍照保留發現

2. 緊接著在數次的校園散步中，相機從一開始的孩子指哪、老師拍哪的互動中，慢慢地將拍攝主導權轉移到孩子手上。除了教學者會針對使用者進行簡單的個別教學外，孩子也開始結合自己在家裡的經驗，彼此分享數位相機的使用方法。

不同角度、細節的視野分享

3. 拍照後的分享給這班孩子帶來極大的驚喜，大家開始嘗試以不一樣的方式表達自己的想法，也驚訝於每人看到的世界竟如此的不同，像是溜滑梯上的螺絲釘（細節）、由下而上的視野（角度）等。

照片中的綠色驚喜

4. 由於園內充滿了綠色植物，因此孩子拍攝回來分享的照片也有很多的綠色。在欣賞分享的過程中，孩子忽然感受到「哇！怎麼有這麼多的綠色」、「每一種綠色好像又有一點點不一樣呢？」。

- 美-大-1-2-1
  探索生活環境中事物的色彩、形體、質地的美，覺察其中的差異

綠色蒐集與探索

5. 延續孩子對於「綠色」的好奇，教學者設計綠色物品蒐集的學習任務，把家人也變成了一同學習的好夥伴。並在教室中運用水彩筆與多種廣告顏料實驗不同顏色混成綠色的效果，也創造了結合海棉、牙刷、橡皮筋等工具創作多種綠色的不同展現手法（圖 6-1-4、圖 6-1-5）。

- 美-大-2-2-1
  運用各種視覺藝術素材與工具的特性，進行創作

▲圖 6-1-4
從綠色延伸而來的色彩遊戲與探索

▲圖 6-1-5
綠色遊戲的小組創作

活動歷程		學習指標

散步中顏色
外的發現：
磁磚排列

6. 在社區散步尋求美的靈感時，奠基於先前探索顏色遊戲的經驗，幼兒對於顏色的敏感度提高了，於是很快就發現臺灣建築最常見的顏色裝飾——磁磚。當進一步研究磁磚時，它的顏色、形狀、排列方法引起了孩子的興趣，其中對於排列的邏輯很有研究的精神（圖6-1-6）。

• 美-大-1-2-1
探索生活環境中事物的色彩、形體、質地的美，覺察其中的差異

磁磚馬賽克
的研究

7. 帶著對磁磚排法的好奇回到校園，幼兒發現校園中也有類似的裝置藝術。於是企鵝班師生回到校園研究磁磚馬賽克拼貼的邏輯，並在網路找到更多相關作品，欣賞磁磚馬賽克拼貼的各種藝術展現型式。

工作櫃的
馬賽克拼貼
美化

8. 馬賽克拼貼展現出來的豐富顏色及特殊構圖，打開了幼兒對於生活中美的需求。於是嫌棄教室工作櫃顏色太單一乏味的大家，開啟了如何把教室變美麗的話題。最後經過團體討論，大家決定將磁磚馬賽克拼貼的創作方法搬至工作櫃上（圖6-1-7）。

• 美-大-2-2-2
運用線條、形狀或色彩，進行創作

9. 為了完成孩子的想法，教學者準備了從附小總務處回收的卡點西德紙（大部份是紅、藍、綠、白），並再購買其它顏色，讓孩子在豐富材料下，使用馬賽克的技法進行構思及設計。而接下來就是在充裕的時間中，設計出專屬於個人的馬賽克作品囉！

• 美-大-3-2-1
欣賞視覺藝術創作，依個人偏好說明作品的內容與特色

• 特別要提及的是，教學者會在數個新作品完成後，邀請孩子推薦自己所欣賞的作品，並鼓勵分享者針對顏色排列、造型設計等特色，說明自己喜愛的原因。

▲ 圖 6-1-6 觀察社區磁磚拼貼作品

▲ 圖 6-1-7 工作櫃的馬賽克拼貼作品

活動歷程

散步時，手
與腳的發現

觸覺與感受
的分享

運用素材創
作手腳步道

多元的
觸感體驗

1. 「光著腳丫去散步」讓校園散步之旅顯得更為刺激。孩子們對於生活環境的關注從常用的「看到」，明顯地轉移到「摸到、踏到、感覺到」等不同的感官感受，而這新奇又有趣的感官經驗也打開了探索環境的不同方式。

2. 在校園探索中，孩子們最喜愛的手腳觸覺經驗是戶外遊戲場的成堆落葉，「軟軟又脆脆」是大家認為最貼切的形容（圖 6-1-8）。當孩子們大膽地使用手腳碰觸生活中不同質地的物品時，與同儕分享彼此喜愛的觸感及原因是此階段活動進行的重點。

3. 孩子們討論各種觸感的當下，產生想要和家人們分享這些經驗的火花，因此開始合作規劃手腳觸覺步道的材料與設計。大家運用了教室中觸感特別的人造材料，像是美勞區的回收瓶蓋、水果網，娃娃家的布或絲巾等；蒐集校園中觸感不一樣的自然素材，像是落葉、果實、雜草（圖 6-1-9）。

4. 在創作手腳觸覺步道的過程中，我們身體力行找出了教室中、校園中，甚至社區中擁有特別觸覺感受的多樣物品（下頁圖 6-1-10）。而這些好玩的觸感材料及經驗最後變成了一個個令人驚喜的觸覺步道，成為班上孩子的弟弟妹妹最流連忘返的活動之一（下頁圖 6-1-11）。

● 提供多元的觸感體驗時，除了陪伴、等待孩子外，也一定會記得先進行環境的場勘，尤其是校外的觸覺體驗。因為有著安全的前提，才能讓師生盡情地享受觸覺的饗宴。

學習指標

● 美-大-1-1-1
探索生活環境中
事物的美，體驗
各種美感經驗

● 美-中-2-1-1
玩索各種藝術媒
介，發揮想像並
享受自我表現的
樂趣

▲ 圖 6-1-8
落葉裡的特殊觸感

▲ 圖 6-1-9
蒐集自然素材觸覺作品

活動歷程　　　　　　　　　　　　　　學習指標

形容詞、
比喻與觸感

5. 每一次的觸覺體驗都為孩子們帶來很不一樣的感受，只是「如何說出自己的感受？」讓大家絞盡腦汁。因此，教學者鼓勵大家嘗試運用比喻說出特別的觸覺感受，像是：火車椅子軟軟的像家裡的沙發等。孩子們從分享中逐漸覺察到表達的各種可能性，開啟了關於觸覺的更多討論。

娃娃家的柔
軟觸感：布

6. 娃娃家的「布」也帶來許多觸覺的討論，那柔軟卻有著不同質地的細微感受，使孩子好奇地使用身體不同部位的皮膚去感覺，並進一步挑戰「描述類似感受的不一樣說法」。在分享過程中，每個人對於布的感受不太相同，尤其在喜好上更有著極大的差異。這些討論與發現，讓孩子對於生活散步中「布」的存在更為敏銳，甚至慢慢地在娃娃家扮演遊戲裡延伸出不同的變化玩法。

● 美-大-1-2-1
探索生活環境中
事物的色彩、形
體、質地的美，
覺察其中的差異

娃娃家的
改造

7. 隨著孩子在社區散步中的發現，娃娃家的「布」開始有了不一樣的面貌。第一步的察覺與改變是：走訪社區附近的商店後，參考商店中布的擺放，回到教室把布鋪在娃娃家的桌上變成桌布。這個行動讓企鵝班小孩開始討論、共構教室娃娃家的全新空間，於是我們嘗試將布變成桌子的桌布、櫃子裝飾的顏色外，也研究布的位置、不同花色的使用所帶來的視覺感受；將布變成垂掛的嬰兒座椅，體驗布的柔軟與垂墜的觸感特性等。

● 美-大-2-2-1
運用各種視覺藝
術素材與工具的
特性，進行創作

● 布在娃娃家的延伸，開始統整了幼兒的生活經驗，視覺、觸覺變成感受的主要工具。接下來，娃娃家的改變還迎接來了社區的嗅覺經驗，在味道的發現中有更詳細的說明。

▲ 圖 6-1-10　園內小沙屋帶來的觸覺體驗

▲ 圖 6-1-11　手腳觸覺步道的設計

活動歷程		學習指標

散步時，味道的發現

1. 戶外遊戲場散步時，小沙屋旁的氣味讓孩子們感到驚訝，於是一句句關於味道的生活經驗就這麼迸發出來「我在家裡有聞過這個味道」、「那是爆蒜頭的味道啦」、「蒜頭我有吃過，和聞起來的味道不一樣」、「和學校門口煎糕的味道聞起來很像」、「今天中午要吃有蒜頭的菜嗎？」等。

● 美-大-1-1-1
探索生活環境中事物的美，體驗各種美感經驗

校園的蒜香

2. 這一切討論的源起來自於附小中央廚房的位置，它就在小沙屋外的一牆之隔，因此我們關於味道的起點分享和別人很不一樣。

餐點的味道

3. 蒜頭的氣味開啟了孩子對嗅覺與味覺的好奇，因此孩子們開始在學校的餐點中尋找相關的味道（圖6-1-12）。這才發現原來它常常出現在午餐菜餚中，甚至也意外地找到了青蔥、薑等常見食材（圖6-1-13）。延續幼兒對於這些食材好奇的興趣，教學者從廚房找到了未料理的食材，我們一同進一步用鼻子、嘴巴去感受食材的味道。由於之前觸覺的分享經驗，因此，孩子們也能運用豐富的語彙與特別的比喻說出品嚐的食物味道，並願意與同儕交流對於食物的不同感受。

企鵝家庭聚餐滋味

4. 為了幫助孩子累積更多關於味道的美好經驗，企鵝班家長與教學者也共同規劃了一家一菜的家庭聚餐。我們透過事先的調查與討論，嘗試讓孩子感受不同味道的美好，因此，醉雞的香氣、椰子派的甜味都出現在菜單上呢！最難得的是，企鵝家人的心也因味道而聚集了在一起，一同用美食為大家留下最深刻的美好記憶。

▲ 圖 6-1-12　在廚房外進行午餐嗅覺調查

▲ 圖 6-1-13　午餐食材下鍋前的氣味

活動歷程　　　　　　　　　　　　　　　　學習指標

社區的生活
氣味

5. 帶著愈來愈敏銳的嗅覺，我們一同到社區散步。學校旁的花店是孩子為了氣味所停駐的第一個地點，讓大家驚訝的是「有一些花很香」、「不是每一種花都有香氣」的發現（圖6-1-14）。不同社區散步路線，也帶來了不同的嗅覺體驗，附小側門到雲霄古道，讓我們發現了花香。那麼，附小大門到學校隔壁檜意森林村中的商店，則是讓孩子嗅到了檜木的獨一無二味道。

娃娃家的香
氣：花香、
檜木精油

6. 每次的散步都讓企鵝班孩子帶回了不同的收穫，像是：從花店帶回充滿香氣的玫瑰花、從檜木精油店帶回的檜木球及檜木精油瓶等。這些戰利品被孩子們擺放在娃娃家中進行遊戲，於是充滿氣味的扮演遊戲就這樣無聲無息的開始了。

- 美-大-1-2-3
覺察並回應日常
生活中各種感官
經驗與情緒經驗

娃娃家的
改造

7. 花香與檜木精油氣味開始慢慢地影響到娃娃家的環境規劃、扮演遊戲的互動內容。孩子們開始考量香氣的選擇，並且想像不同的擺放位置可能帶來不同的遊戲互動方式，像是：花放在圓桌上，搭配著之前選擇的桌布，就變成了一個很適合坐下來喝下午茶的空間（圖6-1-15）。檜木精油則是放在娃娃家的大門入口，這是為了讓每個參與扮演的孩子都能在手腕抹上這一股特殊的香氣，孩子們認為，這是進入娃娃家遊戲的專屬獎賞。

- 美-大-2-2-5
運用動作、玩物
或口語，進行扮
演

- 美-大-2-2-6
進行兩人以上的
互動扮演

- 雖然以上的味道是企鵝班大多數孩子認同及接納的氣味，但仍有孩子不太喜愛。因此，我們接納每個人對於味道的不同感受，讓分享及尊重變成感官探索生活的重要禮儀。

▲圖6-1-14　社區散步帶回的花香

▲圖6-1-15　花香變成娃娃家的重要存在

活動歷程　　　　　　　　　　　　學習指標

散步時，聲音的發現

1. 「你聽到了什麼聲音？」當教學者改變了每次散步時的問句，孩子們似乎也拾回忽略的聽覺感官，開始安靜去感受生活環境中的聲音。在戶外遊戲場，對於樹上吵雜的鳥叫聲感到驚訝；在圍牆邊，聽到牆外的車子喇叭聲而感到喜悅等。

- 美-大-1-1-1 探索生活環境中事物的美，體驗各種美感經驗

蒐集生活中的聲音：錄音

2. 孩子對於「當自己安靜後所聽到的聲音」感到好奇，於是我們開始一同利用手機、錄音筆等器材，去錄製在散步中所發現的聲音。廁所裡沖水馬桶的聲音；教室裡風扇的聲音；校園裡小學部餐車推過幼兒園走廊的聲音等，都是企鵝班孩子的發現。

- 美-大-1-2-2 探索生活環境中各種聲音，覺察其中的差異

錄音作品與生活環境的連結與討論

3. 每一次所錄製、分享的不同聲音，都會為孩子們帶來不同生活線索的討論，並進一步連結到自己的生活經驗，像是：當聽到國小部餐車經過的聲音時，代表我們幼兒園也快要吃午餐了。

身體聲音的模仿與創作

4. 伴隨著對於聲音的敏銳度，企鵝班的孩子們也開始運用身體創造新的聲音。大家發現除了嘴巴是個好樂器外，身體的拍打、身體不同部位與環境中不同質地物品的敲打等，都能夠創作出與眾不同的聲音。

- 美-大-2-2-3 運用哼唱、打擊樂器或身體動作進行創作

自製沙鈴的創作與欣賞

5. 材料也能經過孩子們的巧手發出奇妙的聲音，我們使用美勞區的回收資源、遊戲場撿拾的落葉沙土，創造出自製的沙鈴。當教學者講故事時，就能邀請孩子運用沙鈴為故事中的情節配樂，從中展現大小、高低或快慢等不同的音樂元素。

- 美-大-2-2-4 以高低強弱快慢等音樂元素表達感受

美勞區的聲音作品創作

6. 在自製沙鈴的過程中，孩子們喜愛實驗生活中各種素材（人造或自然）與瓶罐的聲音組合。於是美勞區聚集了一群對此有興趣的幼兒，展開了聲音作品的創作。令人驚喜的是，幼兒會將視覺體驗過的色彩經驗，變成聲音作品的裝飾方法之一。

- 美-大-2-1-1 玩索各種藝術媒介，發揮想像並享受自我表現的樂趣

六、教學省思

(一) 探索與覺察的重要性

美感領域中「探索與覺察」的能力，是教保人員設計課程的必備提醒，更是幼兒進一步探索「表現與創作」、「回應與賞析」的重要基礎。對於教保人員而言，設計課程必須要先檢視自己對於幼兒生活環境的敏銳度，像是在「生活小地方」主題網的規劃與活動設計，一定要對於在地生活環境敏銳覺察，才能提供給幼兒適合的活動體驗。對於幼兒而言，足夠的探索時間與空間，才可能帶來自發的覺察能力，像是企鵝班師生就不斷地在「生活小地方」散步著，逐漸累積關於五感的覺察能力。

(二) 問句改變帶來的影響

在五感課程的經營中，教學者也發現問句是直接影響幼兒使用某項感官的關鍵。當「你看到了什麼？」是每次散步後的提問，那麼孩子們也多是運用視覺來感受生活中的發現。於是改變了每次散步後的提問，開始大量地拋出「你聽到了什麼？」、「你聞到了什麼？」、「你摸到了什麼？」、「有什麼樣的感覺？」等問句。令人驚喜的是，孩子們似乎也像是被打開了五感的開關，帶回來豐富又多元的感官經驗，並挑戰用圖像與語詞去表達自己的感受。

(三) 多元媒體的運用讓分享更有趣

在此次的課程中，教學者提供適合幼兒的記錄器具，如相機、手機和錄音筆，讓分享變得更為有趣，不再侷限於口語表達或是圖畫紀錄的分享方式。也由於現在的幼兒大多有操作手機的經驗，因此他們在進行記錄也十分容易上手，只需簡單的示範與提醒即可。重要的是，我們許多的討論與課程興趣的延伸，都是從幼兒的這些分享開始，而大螢幕及喇叭的運用也讓現場的回應與賞析變得更為容易。

第二節　大班美感教保活動實例～遊樂場

　　在幼兒園生活中，教保人員常邀請孩子和大家分享生活裡的點點滴滴，其中又以每週常態性的假日生活分享最為常見。因此特別選擇貼近孩子生活經驗的**遊樂場**為主題，希望能夠從孩子的生活中取材，讓美在生活中被發現，再透過幼兒園同儕的合作讓美在肢體扮演互動、多元素材的綜合運用，以及在音樂上有著重新詮釋與再現的機會。

　　在下述 5～6 歲的大班美感教保活動示例中，以**遊樂場**主題為主，衍生設計出一系列和美感相關的活動。從一開始運用默劇動作分享假日生活後，針對幼兒感興趣的遊樂場話題，以水彩彩繪、節奏遊行，增加了對於遊樂場的想像與感受。然後在咖啡杯與鬼屋的場景中，加深音樂與場景、肢體動作的搭配與關係。最後運用各種媒材進行遊戲場的立體建構，集體建構出獨一無二的合作作品。

活動一、假日雕像變變變：運用「默劇動作」表現假日生活經驗，鼓勵個人展現肢體創意，並彙整大家的分享成為假日生活記錄板。

活動二、彩繪遊樂場：將假日生活分享中最難忘的遊樂場經驗，透過「水彩」的使用，編造出特別的色彩故事。

活動三、遊樂場大遊行：在不同的「手鼓節奏」中想像遊樂場常見的主題遊行，從中感受到肢體與節奏的配合及協調。

活動四、咖啡杯轉轉轉：「扮演」在咖啡杯中的各種姿態，並隨著三種不同曲風的樂曲，和他人合作舞動肢體。

活動五、鬼屋大冒險：感受鬼屋帶來的刺激感，並從教保人員準備的多種音樂或打擊樂器，設計出適合鬼屋的「配樂」。

活動六、遊樂場大建構：集體合作透過不同創作技巧，以及多元的媒體素材，創作獨一無二的魔幻遊樂場，並彼此分享。

活動一：假日雕像變變變	設計者：甘季碧 教師
適用年齡：5～6 歲	編修者：林玫君 教授、林妠娉 教師

教學目標：	學習指標：
● 分享自己的假日生活 ● 運用肢體表達個人獨特的想法 ● 運用肢體動作表現生活經驗	● 美-大-2-2-5　運用動作、玩物或口語，進行扮演 ● 美-大-2-2-6　進行兩人以上的互動扮演 ● 語-大-2-2-1　適當使用音量、聲調和肢體語言

教學資源：指令控制器（如鈴鼓、手鼓等）、大壁報紙或白板、彩色筆或白板筆

教學過程：

1. 引導幼兒以口頭方式發表自己在假日生活時所做的事情。

    ● 鼓勵兩、三位幼兒口頭發表自己在假日所做的事情。

2. 引導小朋友運用肢體表現三個在假日生活所做事情的靜止動作。以「遊樂場」為例，可以與幼兒討論遊樂場器材的種類、外型特色、玩法等，而後請幼兒自行選擇決定一個動作，以靜止的肢體動作做出在遊樂場遊玩的經驗。

    ● 盡量引導幼兒回溯並分享舊經驗，最後決定一個符合多數幼兒經驗的地點，且容易以動作表現者為佳。

3. 當全班同時做出第一個靜止的假日生活默劇動作時，可以選擇三個（至多五個）雕像維持靜止姿勢，其他人放鬆坐下。而後在維持靜止姿勢的數名小朋友中，請被摸到肩膀的人說一句，跟自己所扮演的角色或情境有關的話。以此循環直至第三個默劇動作結束。

    ● 宜鼓勵幼兒發揮創意，展現個人的獨特性，以口頭稱讚並描述肢體創作的特別之處。

4. 引導幼兒再度回溯假日生活的經驗，將其所分享的內容寫或畫在大壁報紙或白板上，最後彙整為「假日生活記錄板」，張貼在教室中可見之處。此活動可為後續水彩創作的事前準備工作。

    ● 運用大壁報紙或白板進行文字或圖像記錄的過程，乃是成人向幼兒示範文字或圖像進行記錄的自然情境。

活動二：彩繪遊樂場	設計者：林彣娟 教師
適用年齡：5～6 歲	編修者：林玫君 教授

教學目標：	學習指標：
• 綜合地操作水彩、水彩筆及紙張等素材工具，進行想像創作 • 運用色彩表達個人獨特的想法 • 運用水彩以線條、色彩等元素進行假日生活的創作 • 使用線條、形狀或色彩等詞彙描述作品的內容和感受	• 美-大-2-2-1　運用各種視覺藝術素材與工具的特性，進行創作 • 美-大-2-2-2　運用線條、形狀或色彩，進行創作 • 美-大-3-2-1　欣賞視覺藝術創作，依個人偏好說明作品的內容與特色

教學資源：水彩繪畫工具（紅、黃、藍三種不同顏色的水彩、八開畫紙、16 或 18 號水彩筆、抹布、裝水容器、海綿等）、壁報紙或白板

教學過程：

1. 與幼兒一起回顧「遊樂場」的點點滴滴，協助幼兒勾起回憶，並告知幼兒接下來要運用水彩來畫「假日生活」的內容。
2. 進行創作之前，先介紹水彩、水彩筆及紙張的使用方法。
3. 編造與「遊樂場」有關的色彩故事，引導幼兒進入想像世界。例如黃色的波浪線是雲霄飛車，紅色是我，我坐在雲霄飛車上，用很快的速度衝下來。
   • 引導語的主要目的在激發幼兒對於色彩的想像力。
4. 鼓勵幼兒運用線條、色彩等藝術元素，描繪自己的色彩故事。
5. 協助幼兒進行水彩工具、桌面、地板等的收拾與整理。
   • 創作後的收拾與整理應視為活動的一部分，從中培養幼兒美的態度。
6. 請幼兒展示自己創作的「遊樂場」作品，並說明、解釋作品的主題及內容。教保人員可以適度運用簡易的藝術語彙引導幼兒進行分享：
   「願不願意告訴我，你的作品是什麼？」（肯定或否定都可被接納）
   「你畫的黃色線條看起來很有活力，它是什麼？」
   「黃色、綠色、藍色在畫紙上跳舞，那彎彎曲曲的樣子是發生什麼事呢？」
   • 賞析時，如果幼兒表達有困難，請多給予耐心等待。
7. 鼓勵幼兒互相欣賞同儕的「遊樂場」作品，並請其說說自己的喜好、描述該作品的特色以及吸引自己的原因。可以運用簡易的藝術語彙引導幼兒進行分享：
   「畫紙上有很多紅色的線條，看起來像雲霄飛車的軌道，感覺很刺激。」
   「這個黑色感覺有點像鬼屋，我喜歡很恐怖的感覺。」
8. 分享後，師生共同將幼兒作品展示於幼兒視線可及的布告欄或牆面上。

活動三：遊樂場大遊行	設計者：林玫君 教授
適用年齡：5～6 歲	編修者：林彣娉 教師
教學目標： ● 能依不同節奏表現說出想像的事物 ● 能配合強弱快慢節奏進行肢體創作	學習指標： ● 美-大-2-2-3　運用哼唱、打擊樂器或身體動作進行創作 ● 美-大-3-2-2　欣賞音樂創作，描述個人體驗到的特色

教學資源：手鼓

教學過程：

1. 回顧假日在遊樂場所看到的遊行經驗。

2. 拿出手鼓，拍出一連串固定的節奏（如♩♩，♫♩），請幼兒閉上眼睛想像：
   「這個節奏聽起來像什麼樣的人，參加遊行的隊伍？」。

3. 選擇一位幼兒的建議（如小丑），用前述固定的拍鼓節奏，請全體幼兒變成小丑，跟著節奏在原地自由地表現各種動作。重複練習數次後，慢慢停止。

4. 第二次利用手鼓再敲出另一段二拍「強弱分明」的節奏。問幼兒：
   「聽到這個節奏，覺得遊行隊伍中會是誰又出現了？」重複前項步驟，要全體幼兒即興發揮，配合新的節奏和想像的人物，個別在原地自由表現。

5. 如前面的步驟重複敲擊不同的拍子，即興創造幾種參與遊行的人物。最後，利用手鼓敲出「緊急連續」的拍子，再繼續詢問：
   「覺得現在是誰出現了？」（例：「是警察！」），
   再問：「他可能會做什麼事？」
   讓幼兒即興發揮，變成想像的人物或情境，配合緊急的拍子，在原地以默劇動作表現。教師一面重覆敲出緊急連續的拍子，一面依據幼兒的表現即興口述：「……跳來跳去，愈來愈快……（可引用幼兒前面的建議）！」

6. 拍子速度愈來愈快、聲音愈來愈大聲，最後忽然停止。

7. 最後，利用手鼓敲出「緩慢穩定」的拍子：♩　♩。詢問：
   「後來呢？怎麼停下來？」步驟可參考第 1、2 點，活動最後以慢節奏結束。

8. 綜合呈現：連續拍打一至四組節奏，配合幼兒創造的劇情，聽節奏做出自創的默劇情節。

活動四：咖啡杯轉轉轉	設計者：李之光 教授
適用年齡：5～6 歲	編修者：林玫君 教授、林姃媐 教師
教學目標： ● 運用身體或尋找替代物建構 ● 指出有搭配音樂的遊樂設施 ● 發表搭乘遊樂設施的感受 ● 比較不同屬性的音樂帶來的感受	**學習指標：** ● 美-大-2-2-5　運用動作、玩物或口語，進行扮演 ● 美-大-2-2-6　進行兩人以上的互動扮演 ● 美-大-3-1-1　樂於接觸視覺藝術、音樂或戲劇等創作表現，回應個人的感受

教學資源：三種不同曲風的樂曲（如莫札特的交響曲、德佛札克的斯拉夫舞曲或布拉姆斯的匈牙利舞曲、蕭邦的圓舞曲或約翰史特勞斯父子的圓舞曲等）

教學過程：

1. 請幼兒在觀賞遊樂場圖片後，回顧其中有哪些設施。
2. 請幼兒運用身體或教室中現有的物品來搭建遊樂場中的某一項設施。
3. 以咖啡杯為例，幼兒決定以三人手牽手來做為咖啡杯的建構，教保人員可引導幼兒咖啡杯轉動的方式，做到原地轉動而不移動。
   - 若幼兒在建構中有困難時，可展示圖片，引導幼兒注意其形狀或特徵。也可提示教室中可供建構的物品。
4. 請客人坐進咖啡杯，當中可加入戲劇扮演，如排隊、坐進杯內、繫安全帶等。
5. 請幼兒分享其感受。
6. 詢問幼兒咖啡杯的建構少了什麼元素（引導幼兒注意其背景音樂）。
7. 請半數的幼兒做咖啡杯建構，另一半則當乘客，並配上三段不同屬性的背景音樂。
   - 盡量選擇曲風不同的樂曲，如教學資源所列。
8. 請幼兒發表自己對音樂的喜好與感受，引導其比較曲風上的差異感受。例如「這段音樂聽起來如何？」、「這兩段音樂有哪裡不一樣嗎？」、「快快的音樂節奏讓你有什麼樣的感覺？」
   - 為讓幼兒比較不同屬性的音樂帶給自己的感受，可提問力度（強弱）、速度（快慢）、音高（高低）、音色、旋律等音樂元素。
9. 延伸活動：可將幼兒的興趣延伸至扮演區，讓幼兒在不同的日子裡建構不同遊樂設施，使遊園者搭乘或遊玩。當中可加深扮演的情節或道具，如購票入園、設置出入口關卡等。

活動五：鬼屋大冒險	設計者：李之光 教授
適用年齡：5～6 歲	編修者：林玫君 教授、林妗娉 教師

教學目標：	學習指標：
● 隨著音樂的變化想像情節 ● 用身體或尋找替代物建構 ● 會用各種物品裝扮 ● 能為情節配樂 ● 發表鬼屋冒險的感受	● 美-大-1-2-3 覺察並回應日常生活中各種感官經驗與情緒經驗 ● 美-大-3-2-2 欣賞音樂創作，描述個人體驗到的特色

教學資源：現代音樂或打擊樂曲

教學過程：

1. 請幼兒發表逛鬼屋的經驗。

2. 聆賞音樂，教保人員引導幼兒注意音樂中不同元素的變化。討論鬼屋中可能的驚奇與恐怖事件，並將幼兒的討論予以記錄。

   ● 可播放一些現代音樂或打擊樂曲，如彭代雷茨基的廣島受難者輓歌，或史特拉文斯基的火鳥、春之祭，這些樂曲在音高、強弱及音色上變化比較豐富，幼兒比較能經由教保人員的引導與提示下注意到其中的音樂元素。

3. 依討論建構鬼屋的場景與人物。

   ● 可提示幼兒尋找教室中的物品建構鬼屋。

4. 配上音樂讓幼兒實地逛鬼屋。

   ● 可讓幼兒敲打各種不同音高的樂器，並引導與提示幼兒剛剛聆聽與討論的音樂元素，來為鬼屋配上音樂。

5. 請幼兒發表其感受（參考活動四第 8 點）。

活動六：遊樂場大建構	設計者：林妗娉 教師
適用年齡：5～6 歲	編修者：林玫君 教授

教學目標：	學習指標：
<ul><li>依不同特性的素材建構立體遊樂場</li><li>運用線條、色彩、形狀與空間等描繪各主題區</li><li>說出作品的主題及內容</li><li>使用線條、形狀、色彩等說出對作品的想法</li></ul>	<ul><li>美-大-2-2-1　運用各種視覺藝術素材與工具的特性，進行創作</li><li>美-大-2-2-2　運用線條、形狀或色彩，進行創作</li><li>美-大-3-2-1　欣賞視覺藝術創作，依個人偏好說明作品的內容與特色</li></ul>

教學資源：蠟筆、水彩、膠水、白膠、月曆或雜誌、回收的牛奶盒及全開畫紙

教學過程：

1. 與幼兒一起回顧「咖啡杯轉轉轉」肢體創作活動的情形，引導幼兒想像遊樂場裡的設施，例如鬼屋、海裡的大白鯊、外星人的家等，並告知幼兒接著要集體建構「魔幻遊樂場」。
   - 事前的討論與分配工作可以讓集體創作進行得更順利。
   - 引導幼兒將個人的想法說出，經過討論後，由幼兒自己選擇想要創作的主題，並加以分組。
2. 介紹集體建構「魔幻遊樂場」所需的工具及材料——蠟筆、水彩、膠水、白膠、月曆或雜誌、回收的牛奶盒及全開畫紙等。
   - 此年齡的幼兒已有較多畫、剪、黏等的經驗，教保人員可以提供各種綜合的媒材，引導幼兒創作。
3. 與幼兒一起討論如何從報章雜誌上剪下人物或物品的圖片，以及如何利用回收的牛奶盒建構建築物。
4. 與幼兒討論各主題區的配置情形與路線圖，並鼓勵利用蠟筆或水彩等畫下來。
5. 鼓勵幼兒利用剪下的人物、物品或建築物等的圖片建構各個主題區，並將其黏貼在圖畫紙上，再繪製各主題區的其他細節或造型。
   - 此階段的幼兒生活經驗更豐富，可鼓勵他們做各種造型上的變化或加上細節。
6. 指導幼兒收拾與整理。
7. 請幼兒展示集體創作的成品，鼓勵同儕互相欣賞，並引導幼兒說明、解釋作品的主題及內容（參考活動二第 6、7 點）。
8. 分享後，師生共同將幼兒作品展示在適當的角落。

第三節　中班美感教保活動實例～海邊

　　本活動設計理念以臺灣四面環海之地理特色，考量多數幼兒對海邊並不陌生，特別以**海邊**為主題，透過與海邊相關道具及設施營造出海邊的情境，讓幼兒在熟悉的生活環境中，感受自己與大自然間的美麗互動。

　　下述 4～5 歲的中班美感教保活動示例中，即以**海邊**為主題，設計一系列和美感有關的活動。在一開始的海邊假期照片分享活動中，先引發幼兒對於海邊度假的討論，緊接著提供更能激起幼兒玩沙舊經驗的海邊百寶箱，除了將戶外沙坑變成玩沙扮演區外，更體驗了沙雕創作的樂趣。大海是海邊的重要主角，因此，師生共同感受海浪的聲音，運用肢體與絲巾隨之舞動。更透過彩糊畫的創作，表現出對於海的色彩、海浪的造型等發現，創作出每個人眼中的大海。

活動一、海邊假期：幼兒分享海邊假期照片後，教保人員入戲變成即將到海邊玩的歡歡，邀請幼兒共同解決歡歡所遇到的問題。

活動二、海邊百寶箱：運用海邊百寶箱（含五、六樣與海邊相關的物件，如沙鏟、桶子、挖沙道具、貝殼、灑水罐等），引發幼兒對於海邊活動的聯想，並創作出靜止的定格動作。

活動三、玩沙扮演區：將海邊百寶箱加入戶外的沙坑區，幼兒可在其中進行玩沙扮演，將原本設在教室扮演區的活動延伸到戶外沙坑。

活動四、沙雕：除了體驗乾濕沙不同的觸覺感受外，更使用各式沙雕工具進行玩耍及獨特創作。

活動五、海浪：聆聽與海浪有關的聲音後，隨同強弱高低等特質，使用絲巾進行關於海浪的聯想與創作。

活動六、我眼中的大海：幼兒使用雙手沾取彩糊顏料（廣告顏料加白膠），在畫紙上創作大海彩糊畫。

活動一：海邊假期	設計者：甘季碧 教師
適用年齡：4～5 歲	編修者：林玫君 教授

教學目標：	學習指標：
● 專心聆聽故事 ● 透過角色扮演去體驗角色的情緒經驗，以提出解決問題的方法	● 美-中-1-2-3　覺察並回應日常生活中各種感官經驗與情緒經驗 ● 美-中-2-2-5　運用動作、玩物或口語，進行扮演

教學資源：裝扮成歡歡的簡單配件（如帽子、背包等）

教學過程：

1. 幼兒分享假日去海邊玩的照片，全班熱烈地討論關於海邊的話題，於是教保人員入戲成為計畫到海邊玩的歡歡，希望大家能幫忙解決問題。

2. 與幼兒約定當自己穿戴簡單的配件，如帽子、背包或外套等物件後，就會轉換角色變成歡歡，請幼兒幫忙她解決去海邊可以攜帶什麼東西的問題。

   ● 此動作在建立角色轉換的默契，「教師入戲」轉換角色前必須要與幼兒說明，如，待會兒教保人員要離開一下，再出現的時候，頭上會戴著一頂帽子變成故事中的歡歡。

3. 教保人員戴著帽子再度出現（做啼哭狀），以歡歡的身分對幼兒說話，並引導幼兒幫助歡歡解決問題：

   「大家好，我是歡歡，媽媽不准我去海邊玩……，除非我自己把要去海邊玩的東西整理好」（整理行李動作）

   「好討厭，媽媽自己說我要帶什麼東西都可以，現在又說我準備的東西是不需要的，到底去海邊度假要帶什麼東西嘛！」

   ● 以此方式引發幼兒的討論並視其為專家，鼓勵幼兒提供自己的想法並肯定幼兒的意見。假若有不合宜的回答，不需立即提出糾正，可把問題拋回給專家們再討論。

4. 討論完後，歡歡謝謝大家給她的建議再離開。而後脫下帽子恢復教保人員的身分再回來，接著詢問幼兒剛剛發生了什麼事。

   ● 脫帽的動作，表示離開所裝扮的角色，恢復教保人員的身分。如果有幼兒質疑，可以拿出一開始的約定提醒該幼兒說：「剛剛老師說過，當我戴上帽子的時候變成歡歡，脫下帽子以後就變回老師囉！」

5. 蒐集並展示海邊相關物品：活動結束後的一週內，教保人員可以邀請幼兒從家中帶一樣與海邊有關的物品來學校。利用時間輪流進行展示與分享。

   ● 利用每日的團體時間，邀請一至二位帶物品來的幼兒分享其去海邊的經驗。

活動二：海邊百寶箱	設計者：甘季碧 教師
適用年齡：4～5 歲	編修者：林玫君 教授

教學目標：	學習指標：
<ul><li>用身體和表情做出與海邊相關的默劇動作</li><li>用行動和口語扮演「海邊」的人物或情境</li><li>透過角色扮演而逐漸瞭解與體認「海邊」</li></ul>	<ul><li>美-中-2-1-1　玩索各種藝術媒介，發揮想像並享受自我表現的樂趣</li><li>美-中-2-2-5　運用動作、玩物或口語，進行扮演</li></ul>

教學資源：海邊百寶箱（含五、六樣與海邊相關的物件，如沙鏟、桶子、挖沙道具、貝殼、灑水罐等）

教學過程：

1. 活動前，從幼兒帶來或教保人員自己所準備與海邊相關的物件中，挑選五、六樣放入不透明的袋中（此袋稱為「海邊百寶箱」），如沙鏟、桶子、挖沙道具、貝殼、灑水罐等。
   - 百寶箱類似神祕袋，教保人員可用箱子或袋子裝入物件。
2. 拿著百寶箱故作神祕狀的出現，告知幼兒要去一個很有趣的地方玩，那個地方和袋子中的物件有關。
   - 運用百寶箱做為引起動機。
3. 逐一拿出百寶箱中的物件引發跟海邊相關的討論，並進行默劇動作的練習。如拿出沙鏟時，可問幼兒：「鏟子會讓你想到什麼地方？做什麼事？」
   待幼兒分享後，請幼兒在自己的位置上個別地做出一個靜止的默劇動作，如堆沙堡、將人埋在沙子裡面、在海邊撿貝殼、抓海邊的小螃蟹嚇人等。
   - 鼓勵幼兒運用身體展現個人的特色，以熱切的態度和口語支持來描述每個人動作的特別處。
   - 在原位或定點練習，可避免秩序的混亂。
4. 以上述模式，反覆引導幼兒思考教保人員所要去的地方與箱中的物件之關聯性。
5. 活動後可將這些物件放在教室外的沙坑，將之延伸成幼兒的戶外扮演區。

活動三：玩沙扮演區	設計者：甘季碧 教師
適用年齡：4～5歲	編修者：林玫君 教授

教學目標：	學習指標：
• 運用多種道具進行玩沙扮演遊戲 • 用行動扮演「海邊」的人物或情境 • 透過角色間的互動逐漸瞭解與體認「海邊」休閒活動	• 美-中-2-1-1　玩索各種藝術媒介，發揮想像並享受自我表現的樂趣 • 美-中-2-2-5　運用動作、玩物或口語，進行扮演

教學資源：海邊百寶箱（含五、六樣與海邊相關的物件，如沙鏟、桶子、挖沙道具、貝殼、灑水罐等）、戶外沙坑

教學過程：

1. 將活動二中提及的海邊百寶箱，放到戶外沙坑區，讓幼兒進行戶外扮演。

   • 挑選物品時，盡量選擇性質不重複者，若是幼兒從家中帶來的東西比較普遍，教保人員則可準備蛙鏡、蛙鞋、浮板等較為特殊的物件，來引發幼兒對海邊的興趣。

2. 討論戶外沙坑扮演時的規則，如海邊百寶箱的物品使用完會歸還原位、大家能一起使用玩沙器具。

3. 戶外沙坑扮演時間，讓幼兒利用自由探索的時間進行「海邊」主題的扮演遊戲。

   • 隨時注意幼兒在扮演區的遊戲內容，成為幼兒遊戲支持者，並在適當的時機給予口語和材料支持，幫助幼兒在情節與角色上做更深入扮演。

4. 活動後分享，教保人員可提問：

   「你剛剛扮演了什麼角色？在沙坑裡玩些什麼？」

   「有什麼人和你一起玩？你們一起做什麼事？」

   • 可依戲劇元素中的「角色」、「情節」與「道具」做相關提問。

活動四：沙雕	設計者：甘季碧 教師
適用年齡：4～5 歲	編修者：林玫君 教授

教學目標：	學習指標：
● 愉悅地說出海邊玩沙的回憶 ● 說出用肢體感官玩沙的感覺 ● 盡情地用挖、拍、抹、填等方式做沙雕創作 ● 用手或沙雕工具創作物品 ● 愉快地和教保人員及同儕分享創作的樂趣	● 美-中-1-1-1　探索生活環境中事物的美，體驗各種美感經驗 ● 美-中-1-2-1　探索生活環境中事物的色彩、形體、質地的美，覺察其中的差異 ● 美-中-2-1-1　玩索各種藝術媒介，發揮想像並享受自我表現的樂趣

教學資源：沙子、沙雕工具（灑水器、鏟子、湯匙、毛刷等）

教學過程：

1. 回顧去海邊玩沙的經驗。
2. 帶幼兒到沙坑玩，感受走在沙子上的感覺，並鼓勵幼兒說出其感受，如熱熱的、好像許多螞蟻爬在腳上、好像太空漫步等。
   ● 從幼兒的感官知覺經驗出發，並鼓勵幼兒將其感受說出，這是引導幼兒進入創作的重要路徑。
3. 請幼兒摸摸沙子，並引導幼兒討論它的特性──細細的、白白的、握在手中會悄悄地溜走等。
4. 和幼兒一起將水加在沙子上，鼓勵幼兒摸摸看濕的沙子和乾的沙子有什麼不同、可以做什麼。
   ● 引導孩子慢慢加水以留意沙子的變化。
5. 介紹沙雕的工具及使用方法，並鼓勵幼兒操作各種工具。
   ● 手是幼兒創作沙雕最重要的工具，可以挖、拍、抹、填等，或用其它工具，例如灑水器灑水、鏟子來挖壕溝、湯匙雕刻、毛刷清潔沙雕表面等。
6. 引導幼兒使用雙手及工具進行沙雕創作。
   ● 鼓勵幼兒勇於嘗試多種方式創作沙的不同形狀，只要享受其中即可達成此活動目標。
7. 指導幼兒收拾與整理。
   ● 預先請家長準備乾淨的衣物備用，完成創作後，協助幼兒清理身上的沙子。
8. 與幼兒共同欣賞創作的成果，可以適度運用簡易的藝術語彙引導幼兒進行分享：「好多個圓形組成的作品真特別，大家會想到什麼東西？」

活動五：海浪	設計者：李之光 教授
適用年齡：4～5 歲	編修者：林玫君 教授

教學目標：	學習指標：
● 依音樂的節奏律動、音量大小、速度快慢做動作 ● 分享擺動身體和絲巾的感受	● 美-中-2-2-3　以哼唱、打擊樂器或身體動作反應聽到的旋律或節奏 ● 美-中-2-2-4　以高低強弱快慢等音樂元素表達感受 ● 美-中-3-2-2　欣賞音樂創作，描述個人體驗到的特色

教學資源：絲巾、利於聯想與海浪有關的音樂

教學過程：

1. 與幼兒討論看海的經驗。

2. 提供不同類型海的音效，讓幼兒覺察海浪的不同聲音，教保人員引導其比較曲風上的差異感受。例如：

   「這段海浪音樂聽起來……？」

   「這兩段海浪音樂有哪裡不一樣嗎？」

   「很大又強的音樂節奏讓你有什麼樣的感覺？」

   ● 盡量提供差異性較大的不同音效。

   ● 讓幼兒比較不同屬性的音樂帶來的感受，而力度（強弱）、速度（快慢）、音高（高低）、音色、旋律等音樂元素皆可提問，鼓勵幼兒簡單地回答即可。

3. 引導幼兒隨海浪的不同聲音舞動身體和絲巾，教保人員可加上口述海浪的變化，讓幼兒注意並呈現海浪高低和大小的變化。

   ● 教保人員引導幼兒的身體擺動與絲巾的丟擲，是與音樂的節拍律動、音量大小、速度快慢等相關聯。

4. 請幼兒分享用絲巾和身體表現海浪的感覺。

活動六：我眼中的大海	設計者：林妴娉 教師
適用年齡：4～5 歲	編修者：林玫君 教授

教學目標：	學習指標：
● 感受大海在光線折射下所產生不同色彩的美 ● 盡情地在畫紙上塗抹顏料 ● 利用彩糊畫來表現對海的感受	● 美-中-2-2-1 運用各種視覺藝術素材與工具，進行創作 ● 美-中-2-2-2 運用線條、形狀或色彩，進行創作 ● 美-中-3-1-1 樂於接觸視覺藝術、音樂或戲劇等創作表現，回應個人的感受

教學資源：「海邊」景觀的照片或 powerpoint、廣告顏料、白膠

教學過程：

1. 與幼兒一起觀賞「海邊」景觀的照片或 powerpoint，並引導幼兒分享大海的顏色，例如「你在大海裡看到了什麼顏色？」、「這些顏色給你什麼樣的感覺？」
   - 賞析的重點在引導幼兒留意光線照射下，大海色彩層次的變化與所營造出來的感覺。
2. 統整幼兒所發表的意見和想法，並揭示即將進行的彩糊畫活動。
3. 介紹和大海顏色相關的彩糊顏料、抹布、雙手等工具及材料。
   - 可事先鋪上報紙，並讓幼兒穿著專用圍裙或舊衣，好讓活動進行更順暢。
4. 鼓勵幼兒運用雙手沾取彩糊顏料，直接在畫紙上進行塗抹，提示幼兒雙手不同部位的使用，可創造出不同的塗抹效果。
   - 實驗彩糊效果是本階段的教學重點，教保人員毋須急著看到幼兒的成果表現。
   - 創作時，提供充裕的時間讓幼兒作畫，並尊重每位幼兒作畫的速度。
5. 指導幼兒收拾與整理。
   - 創作後的收拾與整理應視為活動的一部分，從中培養幼兒美的態度。
6. 請幼兒展示自己創作的「我眼中的大海」，鼓勵同儕互相欣賞，並適度運用簡易的藝術語彙，引導幼兒說明、解釋作品的主題及內容：
   「這裡的顏色很特別，發生什麼事呢？」
   「好多線條在畫紙上繞圈圈，它是什麼？」
   「你最喜歡哪張作品？為什麼？」
   - 可以強調色彩、線條、空間、韻律等視覺元素。
7. 分享後，師生共同將作品展示於幼兒視線可及的布告欄或牆面上。

第四節　小班美感教保活動實例～教室變公園

　　3～4 歲的孩子主要是以「幼兒美的探索者」為目標進行課程規劃，強調培養幼兒對周遭環境的探索慾望及好奇心，以**教室變公園**為主題，教保人員可以帶幼兒到學校周遭或社區中的公園等地親近大自然，透過感官體驗生活中各式各樣的美，並嘗試透過視覺藝術、音樂或戲劇等媒介進行簡單的創作。

　　在下列美感教保活動中，一開始師生踏出校園到附近的公園感受普通的假日休閒生活，沙坑的玩耍讓幼兒擁有不同的感官感受，而在公園觀察並撿拾到的落葉、樹枝、小石頭、果實等材料則變成了創作的材料、扮演的主題。聲音的發現更是讓幼兒驚喜，除了更敏銳地感受到生活中的聲音外，更延伸出身體樂器的探索，連公園中發現的蝴蝶也可以變成大家哼唱的主題兒歌。

活動一、沙的體驗：到學校附近的公園探索好玩沙坑，從中體驗沙子的觸感及各種玩法。

活動二、蓋印畫：運用在校園、附近公園中撿到的落葉、樹枝、小石頭、果實等素材，進行水彩蓋印活動。

活動三、一起去野餐：閱讀繪本《十四隻老鼠去野餐》後，師生共同準備野餐裝扮物，將扮演區延伸成假日公園的一角。

活動四、落葉拼貼畫：使用在校園、公園中撿到的花朵落葉、枯枝石頭等，進行拼貼創作。

活動五、公園的樹：觀察公園中的樹，運用肢體隨著音樂聲模仿樹上的葉子、被風吹下的落葉等。

活動六、公園裡的聲音：教保人員用教室裡的物品或自己的身體發出聲音，請幼兒猜想聽起來像公園中的哪些聲音並以自己的肢體加以模仿。

活動七、「蝴蝶」即興音樂律動：幼兒一面聆聽兒歌「蝴蝶」，一面配合音樂的快慢、強弱來哼唱或做出不同的動作，並分享自己的想法。

活動一：沙的體驗	設計者：林玫君 教授
適用年齡：3～4歲	編修者：林妙娟 教師

教學目標：	學習指標：
● 樂於參與沙中漫步的遊戲 ● 對於沙中尋寶遊戲感到好奇 ● 用不同的方式玩沙 ● 簡單說出玩沙的經驗	● 美-小-1-1-1　探索生活環境中事物的美，體驗各種美感經驗 ● 美-小-1-2-1　探索生活環境中事物的色彩、形體、質地的美 ● 身-小-2-2-4　操作與運用抓、握、扭轉的精細動作

教學資源：沙子、貝殼、小石頭、彈珠、水、鏟子、水桶等

教學過程：

1. 帶幼兒到沙坑散步，感受走在沙子上的感覺，是冰冰的、熱熱的？請幼兒摸摸看，沙子是粗粗的、細細的等感覺。
   - 沒有沙坑的幼兒園，可於走廊或遊樂場布置沙箱。
2. 預先在沙子中藏貝殼、小石頭、彈珠等，引導幼兒進行沙中尋寶的遊戲。
   - 提醒幼兒不要將找到的寶物放到嘴巴裡。
3. 和幼兒一起在沙子上加水，並請幼兒摸摸看濕的沙子會有什麼感覺，如黏黏的、硬硬的、黑黑的等感覺。
4. 引導幼兒用揉、抓、戳、壓、捏、擠、拍、打等不同的方式玩沙子，並鼓勵幼兒嘗試做球、餅乾等造型。
   - 可在幼兒旁玩沙，讓幼兒從觀察中學習不同的玩沙技巧。
   - 適時提供言語或道具上的支持。
5. 請幼兒分享玩沙的經驗。

活動二：蓋印畫	設計者：林玫君 教授
適用年齡：3～4 歲	編修者：林妧娉 教師

教學目標：	學習指標：
<ul><li>對蓋印活動感到好奇</li><li>隨意地玩蓋印畫</li><li>簡單地介紹自己的蓋印畫</li></ul>	<ul><li>美-小-2-1-1　享受玩索各種藝術媒介的樂趣</li><li>美-小-3-1-1　樂於接觸視覺藝術、音樂或戲劇等創作表現</li></ul>

教學資源：沙箱、落葉、樹枝、石頭、果實、印臺、水彩或廣告顏料、吸水性較佳的紙或布、刷子、抹布等

教學過程：

1. 準備沙箱，請幼兒在沙子上蓋手印、腳印，並觀察形狀的變化。
   - 蓋印畫之前可提供幼兒蓋手印、腳印等的經驗。
2. 介紹葉子、樹枝、石頭、果實以及大印臺等蓋印材料。
   - 可提供紅、黃、藍三原色的色水（若有安全上的顧慮可改用食用色素）。
3. 引導幼兒欣賞不同材料的形狀、圖案。
4. 指導幼兒用葉子和果實等沾顏料印在紙張上的蓋印技巧，並鼓勵幼兒嘗試各種圖案組合的可能性。
   - 初次玩蓋印的幼兒較無法控制力道大小，可提供幼兒多次練習的機會。
   - 可適時地提供語言上的支持。
5. 將完成的作品晾乾，並進行整潔活動。
   - 創作後的收拾與整理應視為活動的一部分，從中培養幼兒美的態度。
6. 鼓勵幼兒分享自己的經驗，並將作品展示在布告欄。

活動三：一起去野餐	設計者：林玫君 教授
適用年齡：3～4 歲	編修者：林姵娟 教師

教學目標：	學習指標：
● 享受戶外野餐的美感經驗 ● 享受於扮演遊戲中	● 美-小-1-1-1　探索生活環境中事物的美，體驗各種美感經驗 ● 美-小-2-2-5　運用簡單的動作或玩物，進行生活片段經驗的扮演

教學資源： 繪本《十四隻老鼠去野餐》、野餐裝扮物

教學過程：

1. 昨天已經與幼兒共讀過《十四隻老鼠去野餐》，引發幼兒討論自己曾經野餐或看過別人野餐的經驗。
2. 因此，安排幼兒到附近公園野餐的機會。
3. 與幼兒討論野餐有關的物品，如野餐籃、野餐布、食物、水果等，師生一同在扮演區布置「野餐情境」。
   ● 應提供足夠的道具供幼兒扮演。
4. 鼓勵幼兒進行相關的扮演遊戲，並適時提供口語及材料上的支持。
   ● 教保人員可以是幼兒的玩伴，亦可透過提問鼓勵幼兒的扮演，如「媽媽，要去野餐了，我不知道要帶什麼東西？」。

活動四：落葉拼貼畫	設計者：林玫君 教授
適用年齡：3～4 歲	編修者：林彣娉 教師

教學目標：	學習指標：
● 樂於逛校園及撿拾落葉 ● 隨意地做樹葉拼貼畫 ● 簡單地介紹自己的拼貼畫	● 美-小-1-1-1　探索生活環境中事物的美，體驗各種美感經驗 ● 美-小-2-1-1　享受玩索各種藝術媒介的樂趣

教學資源：落葉、枯枝、小石頭、貝殼、稀釋的白膠、牛皮紙、圖畫紙、海綿或抹布等

教學過程：

1. 和幼兒一起到校園散步，撿拾花朵、落葉枯枝、石頭等自然素材，並引導幼兒欣賞它們的形狀、顏色等。
   ● 與大自然互動的經驗是引發幼兒美感體驗的重要途徑。
2. 回到教室後，告知幼兒接下來要利用撿拾來的落葉進行拼貼活動。
3. 指導幼兒黏貼的技巧，先將葉片放在預定的位置，再用少許白膠塗在葉片背面，再將葉片翻過來黏貼在底紙上，也可請幼兒添加其它素材做裝飾。
   ● 部分幼兒不喜歡黏的感覺，活動前可先讓幼兒玩漿糊畫，並指導幼兒清理的方法，以提升他們的興趣。
4. 黏貼活動結束後指導幼兒收拾與整理。
   ● 創作後的收拾與整理應視為活動的一部分，從中培養幼兒美的態度。
5. 將拼貼完成的作品晾乾，請幼兒進行經驗分享，並將其作品展示在布告欄。
   ● 可適時地提供語言上的支持。

活動五：公園的樹	設計者：林玫君 教授
適用年齡：3～4 歲	編修者：林彣媔 教師

教學目標：	學習指標：
● 對樹葉被風吹動的情形感到興趣 ● 樂於以肢體表現樹葉的動作	● 美-小-1-1-1　探索生活環境中事物的美，體驗各種美感經驗 ● 美-小-1-2-3　覺察並回應日常生活中各種感官經驗與情緒經驗

教學資源：聽起來像風的音樂、落葉

教學過程：

1. 請幼兒分享在公園觀察樹葉被風吹動的情形。

2. 到公園或戶外撿拾落葉後，回到教室，請幼兒描述葉子的形狀、狀態。

3. 請幼兒在定點用身體各部位假裝成樹上的葉子或地上的落葉。

   ● 提醒幼兒可運用身體的不同部位，如手、腳等。

   ● 在定點練習可避免秩序的混亂。

4. 可透過口述或利用音樂的旋律變化，編創一小段樹葉被風吹動的故事，引導幼兒練習用肢體模仿樹葉被風吹動的情形。

   ● 可多提供一些口語提示，如「風吹過來，小葉子在樹上輕輕地動了一下身體。」

   ● 分組輪流練習以免發生碰撞。

   ● 練習時可運用數秒的技巧，以避免無目的地在空間中亂跑，如「老師會數到五，這段時間，你們是被風吹動的葉子；當我數到五時，風就停了，你們不可以動。」

活動六：公園裡的聲音	設計者：李之光 教授
適用年齡：3～4 歲	編修者：林玫君 教授、林妙娟 教師

教學目標：	學習指標：
● 對公園的各種聲音感到興趣 ● 藉由聽覺感官去探索各種環境聲音或樂器聲音的變化 ● 接觸環境事物，增進聽覺的敏銳度	● 美-小-1-2-2　探索生活環境中各種聲音 ● 美-小-2-1-1　享受玩索各種藝術媒介的樂趣

教學資源： 各種節奏樂器

教學過程：

1. 幼兒在公園中安靜地聆聽聲音，如風聲、鳥叫聲、汽車引擎聲等，並請幼兒分享剛才聽到的聲音。

   ● 提供足夠的時間，引導和等待幼兒的想法。

2. 回到教室後請幼兒躺下，閉上眼睛，假裝躺在公園的草地，教保人員用身體或身邊物品（如搓手、拍地板），或使用節奏樂器發出不同的聲音，請幼兒猜想聽起來像公園中的什麼聲音。

   ● 躺下可幫助幼兒放鬆。

   ● 提供幼兒善用聽覺與想像的機會。

   ● 可問：「這聽起來像在公園裡的什麼聲音？」

3. 請幼兒用自己的身體敲打不同的部位，創造出公園所聽到的聲音。

   ● 重點在於豐富幼兒的聽覺經驗，而非區辨，所以不需要一定要有正確答案。

活動七：「蝴蝶」即興音樂律動	設計者：李之光 教授
適用年齡：3～4 歲	編修者：林玫君 教授、林彣娉 教師
教學目標： ● 隨著歌聲舞動肢體 ● 體驗歌唱的樂趣 ● 感受音樂的快慢、強弱 ● 欣賞音樂創作與展現後，能反應個人的喜好	學習指標： ● 美-小-2-1-1　享受玩索各種藝術媒介的樂趣 ● 美-小-3-1-1　樂於接觸視覺藝術、音樂或戲劇等創作表現

教學資源：兒歌「蝴蝶」

教學過程：

1. 以哼唱兒歌「蝴蝶」引入並鼓勵幼兒自發地做出肢體動作，可重複做幾次。
   - 若幼兒一開始不知如何即興創作，教保人員可在一旁擺動身體，片段後便可停止動作，鼓勵幼兒自發地即興創作。
2. 改變歌曲的快慢、強弱或不同的形式等，但每次只變化一種音樂元素。如：
   (1) 將歌曲以快或慢的速度哼唱，讓幼兒經驗音樂中的速度。
   (2) 將歌曲以大聲或小聲的音量哼唱，讓幼兒經驗音樂中的強弱。
   (3) 改變歌曲的調性搭配不同的情緒（快樂的大調變成憂傷的小調）來哼唱，讓幼兒經驗音樂中的情感。
   - 引導幼兒體驗音樂的變化及運用不同角度欣賞音樂。
   - 透過變奏豐富幼兒音樂經驗，以體驗音樂元素的變化。
   - 提供幼兒足夠的時間，引導和等待幼兒的想法。
3. 請幼兒分享剛才的經驗，如當歌曲變慢的時候蝴蝶怎麼了？幼兒可以口頭回答或是以身體動作回應，也可以口述默劇方式引導幼兒口頭回答，或是以身體動作回顧剛才的經驗，例如蝴蝶肚子好餓，沒有力氣跳舞了。

參考文獻

 中文部分

王麗倩（2011）。從音樂動覺的建立發展音樂美感經驗之教學關懷。**課程與教學，14**（1），42-63。

吳幸如（2005）。幼稚園教師實施創造性肢體律動統整教學成效之初探研究。**幼兒保育論壇，1**，211-230。

李玲玉（2007）。運用音樂治療提升特殊幼兒注意力之成效探討。**朝陽人文社會學刊，5**（1），211-240。

林玫君（2005）。**創造性戲劇理論與實務：教室中的行動研究**。臺北市：心理。

林玫君（2008）。**幼托整合後幼兒園教保活動綱要及能力指標：美感領域**。臺北市：教育部。

林玫君（2010）。**幼兒園教保活動與課程大綱——美感領域後續研訂計畫**。臺北市：教育部。

林玫君（2012）。臺灣幼兒園課綱美感領域學習指標發展初探：以戲劇指標與量表之建構歷程為例。**當代教育研究季刊，20**（4），1-44。

林庭君（2011）。幼兒欣賞教學之初探。**大同技術學報，19**，191-209。

范瓊方（2003）。「藝術與人文」領域中談幼兒美感教育。**國民教育，43**（6），66-70。

張金蓮（2014）。**來玩吧！把藝術變成孩子最愛的23堂遊戲課：線條愛跳舞、紙箱變迷宮，玩出創意想像力**。新北市：野人文化。

教育部（2013）。**幼兒園教保活動課程暫行大綱**。臺北市：教育部。

莊惠君（譯）（2000）。**嬰兒音樂學習原理**（原作者：E. E. Gordon）。臺北市：心理。（原著出版年：1999）

許月貴、鄭欣欣、黃瀞瑩（譯）（2000）。**幼兒音樂與肢體活動理論與實務**（原作者：R. Pica）。臺北市：心理。（原著出版年：1995）

郭美女（1999）。音樂教育的基礎——聲音感知教學。**課程與教學季刊，2**（1），125-138。

陳伯璋、張盈堃（2007）。來自日常生活的教育學院：社區、課程與美學的探究。**教育與社會研究，12**，41-72。

陳錦惠（2005）。教學經驗中的美感特質探討：Dewey 美學的觀點。**課程與教學，8**（2），15-24。

陳淑敏（1999）。**幼兒遊戲**。臺北市：心理。

黃壬來（2003）。**幼兒造形藝術教學**。臺北市：五南。

黃慧娟（2013）。融入式音樂活動教學於幼兒專注力訓練課程之探究。**幼兒保育學刊，10**，137-149。

黃麗卿（1998）。**創意的音樂律動遊戲**。臺北市：心理。

楊艾琳、林公欽、陳惠齡、劉英淑、林小玉（1998）。**藝術教育教師手冊：幼兒音樂篇**。臺北市：國立臺灣藝術教育館。

廖美瑩、戴美鎔（2012）。多元藝術運用於幼兒音樂聆賞之個案研究。**明新學報，38**（2），193-213。

廖美瑩、薛鈞毓、潘彥如、李佳穎、陳惠娟（2010）。以故事形式做為音樂欣賞教學之設計、執行與評估。**奧福音樂，1**，53-67。

劉永慈、許佩玲（2013）。在有趣的音樂活動中培育兒童的創造力。**彰化師大教育學報，23**，1-33。

劉英淑（無日期）。**兒童音樂欣賞教學之探討**。取自 http://content.edu.tw/primary/music/tp_ck/education/content-16.htm

蔡瓊賢、林乃馨譯（2003）。幼兒創造性教育與活動（原作者：M. Ma-
　　yesky）。臺北市：華騰文化。（原著出版年：2002）

鄭方靖（1997）。樂理要素教學策略及活動實例。高雄市：復文。

🌹 英文部分

Alvino, F. J. (2000). *Art improves the quality of life: A look at art in early child-
hood settings.* East Lansing, MI: National Center for Research on Teacher
Learning. (ERIC Document Reproduction Service No. ED447963)

Bateson, G. A. (1955). A theory of play and fantasy. *Psychiatric Research
Reports, 2,* 39-51.

Bateson, G. A. (1976). A theory of play and fantasy. In J. S. Burner, A. Jolly, &
K. Sylva (Eds.), *Play: Its role in development and evolution* (pp. 119-129).
New York, NY: Basic Books.

Bretherton, I. (1984). *Symbolic play: The development of social understanding.*
New York, NY: Academic Press.

Bruns, M. T. (1988). Music as a tool for enhancing creativity. *Journal of Creative
Behavior, 22*(1), 62-69.

Campbell, P. S., & Scott-Kassner, S. (2009). *Music in childhood: From preschool
through the elementary grades.* New York, NY: Schirmer Books.

Dewey, J. (1980). *Art as experience.* NY: PerigeeBooks.

Erikson, E. (1960/1950). *Childhood and society.* New York, NY: W. W. Norton.

Fein, G. G. (1981). Pretend play in childhood: An integrative review. *Child De-
velopment, 52,* 1095-1118.

Gardner, H. (1993). *Multiple intelligences: The theory in practice.* New York, NY:
Basic Books.

Garvey, C. (1977). *Play*. Cambridge, MA: Harvard University Press.

Garvey, C. (1979). Communication controls in social play. In B. Sutton-Smith (Ed.), *Play and learning* (pp.109-125). New York, NY: Gardner.

Garvey, C., & Berndt, R. (1977, September). *The organization of pretend play*. Paper presented at the annual meeting of the American Psychological Association, Chicago, IL.

Giffin, H. (1984). The coordination of meaning in the creation of a shared make-believe reality. In J. Bretherton (Ed.), *Symbolic play: The development of social understanding* (pp.73-100). Orlando, FL: Academic Press.

Gottfried, A. E. (1985). Intrinsic motivation for play. In C. C. Brown & A. W. Gottfried (Eds.), *Play interactions: The role of toys and parental involvement in children's development* (pp. 45-55). Skillman, NJ: Johnson & Johnson.

Isenberg, J. P., & Jalongo, M. R. (1993). *Creative expression and play in the early childhood curriculum*. New York, NY: Macmillan.

Jalongo, M. R., & Stamp, L. N. (1997). *The arts in children's lives: Aesthetic education for early childhood*. Needham Heights, MA: Allyn & Bacon.

Johnson, J. E., Christie, J. F., & Yawkey, T. D. (1999). *Play and early childhood development* (2nd ed.). New York, NY: Longman.

Kemple, K. M., & Johnson, C. A. (2002). From the inside out: Nurturing aesthetic response to nature in the primary grades. *Childhood Education, 78*(4), 210-218.

Kenney, S. (2004). The importance of music centers in the early childhood class. *General Music Today, 18*, 28-36.

Kostelnik, M. J., Soderman, A. K., & Whiren, A. P. (2004). *Developmentally appropriate curriculum: Best practices in early childhood education* (3rd ed.). Upper Saddle River, NJ: Pearson.

Krasnor, L. R., & Pepler, D. J. (1980). The study of children's play: Some suggested future directions. In K. H. Rubin (Ed.), *New directions in child development: Children's play*, *3*, 85-96. San Francisco, CA: Jossey-Bass.

Lim, B. (2004). Aesthetic discourses in early childhood settings: Dewey, Steiner, and Vygotsky. *Early Child Development and Care*, *174*(5), 473-486.

Lowenfeld, V., & Brittain, W. L. (1982). *Creative and mental growth* (7th ed.). New York, NY: Macmillan.

Mang, E. (2005). The referent of children's early songs. *Music Education Research*, *7*(1), 3-20.

McCune-Nicolich, L., & Fenson, L. (1983). Methodological issues in studying early pretend play. In T. D. Yawkey & A. D. Pellgrini (Eds.), *Child's play: Developmental and applied*. Hillsdale, NJ: Lawrence Erlbaum Associates.

Monigham-Nourot, P., Scales, B., Van Hoorn, J., & Almy, M. (1987). *Looking at children's play: A bridge between theory and practice*. New York, NY: Teachers College Press.

National Art Education Association (2006). *Why art education?* from http://www.naea-reston.org/whyart.html

Neumann, E. A. (1971). *The elements of play*. NY: MSS Information Corp.

Parten, M. B. (1932). Social participation among preschool children. *Journal of Abnormal and Social Psychology*, *27*, 243-269.

Rogers, C. S., & Sawyers, J. K. (1988). *Play in the lives of children*. Washington, DC: NAEYC.

Saltz, E., & Johnson, J. (1974). Training for thematic-fantasy play in culturally disadvantaged children: Preliminary results. *Journal of Educational Psychology*, *66*(4), 623-630.

Schwartzman, H. B. (1978). *Transformations: The anthropology of children's*

play. New York, NY: Plenum.

Siks, G. B. (1983). *Drama with children* (2nd ed.). New York, NY: Harper & Row.

Smilansky, S., & Shefatya, L. (1990). *Facilitating play: A medium for promoting cognitive, socio-emotional, & academic development in young children.* Gaithersburg, MD: Psychosocial & Educational Publications.

Sutton-Smith, B. (1979). Epilogue: Play as performance. In B. Sutton-Smith (Ed.), *Play and learning* (pp. 295-320). New York, NY: Gardner Press.

Wolf, D., & Grollman, S. H. (1982). Ways of playing: Individual differences in imaginative style. In D. J. Pepler & K. H. Rubin (Eds.), *The play of children: Current theory and research* (pp. 46-63). Basel, Switzerland: Karger.

附錄　幼兒園美感與藝術教育實施要點

　　筆者於 2015 年起接任教育部師資培育及藝術教育司「幼兒園美感及藝術教育扎根計畫」主持人，帶領計畫團隊經實地訪視幼兒園及綜合國教署教保課綱—美感領域實施原則，研議「幼兒美感教育**實施要點**」如下，提供教保人員參考：

- **美感特色性**：檢視幼兒園自然與人文環境特色，整合人力資源與興趣專長，以發展自我美感特色。

- **互動共構性**：師生共築美的生活與環境，並規劃能激盪幼兒與情境或環境互動的設計。

- **多元變化性**：設置能引發視、聽、味、嗅、觸等不同感官探索覺察的美感情境，並配合不同時令或主題，適時變換環境物件營造美感氛圍。

- **日常經驗性**：在日常生活作息中，與食衣住行育樂各面向緊密相連，讓幼兒在實際生活中，累積「做與受」的美感經驗，發展「探索與覺察、表現與創作、回應與賞析」的能力。

- **個別合宜性**：尊重幼兒個人的美感潛能、偏好，鼓勵視覺、聽覺、肢體及戲劇扮演等各種獨特表現，並依據課綱精神、參考美感領域課程目標與學習指標、考量幼兒年齡及能力發展，設計適性、能引發其興趣的美感活動。

- **連結延伸性**：結合家長、社區資源或在地藝術及文化活動，邀請相關人士入園分享，也可進行戶外教學，連結並拓展幼兒在地生活的美感經驗；在園內或活動室中提供相關素材，進行前述內容之延伸活動或藝術創作。

照片提供

- 圖 1-1-3 上：黃慧齡、簡惠美、謝欣君、陳妙姿、吳英慈、鄭祝能、高珮淑、賴霓思、周佳儒、吳玥螢（嘉南藥理大學附設幼兒園）
- 圖 1-1-3 下：林彣娉（國立嘉義大學附設實驗國民小學附設幼兒園）
- 圖 2-1-1 左：陳美如
- 圖 2-1-1 右、圖 2-1-2、圖 2-1-3、圖 2-1-4 左：林玫君（國立臺南大學）
- 圖 2-1-4 右、圖 2-1-5 右：陳美如
- 圖 2-1-5 左：林玫君
- 圖 2-1-6 左：高雄市私立潛能幼兒園
- 圖 2-1-6 右：新竹縣私立小太陽幼兒園
- 圖 2-2-1、圖 2-2-2 左：林玫君
- 圖 2-2-2 右、圖 2-2-3～圖 2-2-6：陳美如
- 圖 2-2-7：林玫君
- 圖 2-2-8：陳美如
- 圖 2-2-9～圖 2-2-12：林玫君
- 圖 2-2-13 左：陳美如
- 圖 2-2-13 右、圖 2-2-14 左：林玫君
- 圖 2-2-14 右、圖 2-2-15 左：陳美如
- 圖 2-2-15 右、圖 2-2-16～圖 2-2-18：林玫君
- 圖 2-2-19：陳美如
- 圖 2-2-20：108 學年度南區【幼兒影像美感培力】專業社群
- 圖 2-2-21：陳美如
- 圖 2-2-22：108 學年度北區【幼兒園餐桌美學】專業社群

- 圖 2-2-23：林玫君
- 圖 2-2-24 左：108 學年度東區【園藝植物營造幼兒園美感環境】專業社群
- 圖 2-2-24 右：嘉南藥理大學附設幼兒園
- 圖 2-2-25：陳美如
- 圖 2-2-26：林玫君
- 圖 2-2-27～圖 2-2-34：陳美如
- 圖 2-3-1：陳美如
- 圖 2-3-2：嘉南藥理大學附設幼兒園
- 圖 2-3-3、圖 2-3-4：國立嘉義大學附設實驗國民小學附設幼兒園
- 圖 2-3-5～圖 2-3-7：高雄市私立潛能幼兒園
- 圖 2-3-8：國立嘉義大學附設實驗國民小學附設幼兒園
- 圖 2-3-9：高雄市私立潛能幼兒園
- 圖 2-3-10：高雄市私立高雄榮民總醫院榮華幼兒園
- 圖 2-3-11：羅心玫、顏慧敏（臺南市立文元國小附設幼兒園）
- 圖 2-3-12：臺南市立文元國民小學附設幼兒園
- 圖 2-3-13 左：高雄市私立潛能幼兒園
- 圖 2-3-13 右：臺南市立文元國民小學附設幼兒園
- 圖 2-3-14：國立嘉義大學附設實驗國民小學附設幼兒園
- 圖 3-1-1、圖 3-1-2：高雄市私立高雄榮民總醫院榮華幼兒園

幼兒園美感教育

- 圖 3-2-28 右、圖 3-2-29：新竹縣私立小太陽幼兒園
- 圖 3-2-30：高雄市私立高雄榮民總醫院榮華幼兒園
- 圖 3-2-31：嘉南藥理大學附設幼兒園
- 圖 3-2-32～圖 3-2-36：高雄市私立潛能幼兒園
- 圖 3-2-37～圖 3-2-41：私立經國管理暨健康學院附設基隆市幼兒園
- 圖 3-2-42、圖 3-2-43：高雄市私立潛能幼兒園
- 圖 3-2-44、圖 3-2-45：嘉南藥理大學附設幼兒園
- 圖 3-3-1～圖 3-3-3：王君瑜
- 圖 3-3-4、圖 3-3-5：臺南市立文元國民小學附設幼兒園
- 圖 3-3-6：王君瑜
- 圖 3-3-7、圖 3-3-8：林彣娉
- 圖 3-3-9：陳美如
- 圖 3-3-10：國立嘉義大學附設實驗國民小學附設幼兒園
- 圖 3-3-11～圖 3-3-14：高雄市私立潛能幼兒園
- 圖 3-3-15：林彣娉
- 圖 3-3-16、圖 3-3-17：林玫君
- 圖 3-3-18、圖 3-3-19：陳美如
- 圖 3-3-20：高雄市私立潛能幼兒園
- 圖 3-3-21：嘉義市立大同國民小學附設幼兒園
- 圖 3-3-22～圖 3-3-24：高雄市私立潛能幼兒園
- 圖 4-1-1：林玫君
- 圖 4-1-2：高雄市私立潛能幼兒園
- 圖 4-1-3：王君瑜
- 圖 4-1-4 左上：王君瑜
- 圖 4-1-4 右上：林純華
- 圖 4-1-4 左下：高雄市私立潛能幼兒園
- 圖 4-1-4 右下、圖 4-1-5 左上：臺南市立文元國民小學附設幼兒園
- 圖 4-1-5 右上、圖 4-1-5 左下：高雄市私立潛能幼兒園
- 圖 4-1-5 右下：臺南市立文元國民小學附設幼兒園
- 圖 4-1-6：高雄市私立潛能幼兒園
- 圖 4-1-7：王君瑜
- 圖 4-1-8 左：嘉南藥理大學附設幼兒園
- 圖 4-1-8 右：高雄市私立潛能幼兒園
- 圖 4-1-9 左：林純華
- 圖 4-1-9 右：高雄市私立高雄榮民總醫院榮華幼兒園
- 圖 4-1-10：高雄市私立潛能幼兒園
- 圖 4-1-11 上四張：陳美如
- 圖 4-1-11 下兩張：林玫君
- 圖 4-1-12：陳美如
- 圖 4-1-13 左：林玫君
- 圖 4-1-13 右：陳美如
- 圖 4-1-14～圖 4-1-16 左：高雄市私立潛能幼兒園
- 圖 4-1-16 右、圖 4-1-17 左：臺南市立文元國民小學附設幼兒園
- 圖 4-1-17 右：高雄市私立潛能幼兒園
- 圖 4-1-18：國立嘉義大學附設實驗國民小學附設幼兒園
- 圖 4-1-19、圖 4-1-20 左：高雄市私立潛能幼兒園
- 圖 4-1-20 右：國立嘉義大學附設實驗國民小學附設幼兒園
- 圖 4-1-21：高雄市私立潛能幼兒園
- 圖 4-1-22：高雄市私立高雄榮民總醫院榮華幼兒園
- 圖 4-1-23：林玫君
- 圖 4-1-24：陳美如

兒園

- 圖 5-2-28：新竹縣私立小太陽幼兒園
- 圖 5-2-29：林彣娉
- 圖 5-2-30：林純華
- 圖 5-2-31～圖 5-2-33：臺南市立文元國民小學附設幼兒園
- 圖 5-2-34：林純華
- 圖 5-2-35：高雄市私立潛能幼兒園
- 圖 5-2-36、圖 5-2-37：臺南市立文元國民小學附設幼兒園
- 圖 5-2-38：王君瑜
- 圖 5-2-39：林彣娉
- 圖 5-2-40、圖 5-2-41：高雄市私立潛能幼兒園
- 圖 5-2-42：甘季碧（臺南市東區復興國民小學附設幼兒園）

- 圖 5-2-43：胡淨雯
- 圖 5-2-44：胡淨雯參與林玫君（2010）「幼兒園教保活動與課程大綱－美感領域後續研訂計畫」成果
- 圖 5-2-45 左：國立嘉義大學附設實驗國民小學附設幼兒園
- 圖 5-2-45 右：王君瑜
- 圖 5-2-46：魔鏡魔境兒童戲劇教育工作室
- 圖 6-1-4：林彣娉
- 圖 6-1-5：林彣娉、王君瑜、黃思婕、羅伊伶
- 圖 6-1-6～圖 6-1-8：林彣娉
- 圖 6-1-9、圖 6-1-10：林彣娉、王君瑜、黃思婕、羅伊伶
- 圖 6-1-11～圖 6-1-15：林彣娉

國家圖書館出版品預行編目（CIP）資料

幼兒園美感教育／林玫君著. --二版--
新北市：心理出版社股份有限公司，2021.10
面；　公分. --（幼兒教育系列；51219）

ISBN 978-986-0744-33-0（平裝）

1.藝術教育　2.學前教育　3.教學活動設計

523.23　　　　　　　　　　　　　110016487

幼兒教育系列 51219

幼兒園美感教育（第二版）

作　　　者：林玫君
執行編輯：高碧嶸
總 編 輯：林敬堯
發 行 人：洪有義
出 版 者：心理出版社股份有限公司
地　　　址：231026 新北市新店區光明街 288 號 7 樓
電　　　話：(02) 29150566
傳　　　真：(02) 29152928
郵撥帳號：19293172　心理出版社股份有限公司
網　　　址：https://www.psy.com.tw
電子信箱：psychoco@ms15.hinet.net
排 版 者：龍虎電腦排版股份有限公司
印 刷 者：龍虎電腦排版股份有限公司
初版一刷：2015 年 12 月
二版一刷：2021 年 10 月
I S B N：978-986-0744-33-0
定　　　價：新台幣 450 元